कहती हैं औरतें

कहती हैं औरतें

अनामिका

वाणी प्रकाशन

वाणी प्रकाशन

4695, 21-ए, दरियागंज, नयी दिल्ली 110 002

फ़ोनः +91 11 23273167 फ़ैक्सः +91 11 23275710

शाखाएँ

अशोक राजपथ, पटना 800 004, बिहार

कॉफ़ी हाउस कैम्पस, महात्मा गांधी मार्ग, इलाहाबाद 211 001, उत्तर प्रदेश

महात्मा गांधी अन्तरराष्ट्रीय हिन्दी विश्वविद्यालय, वर्धा 442 001, महाराष्ट्र

www.vaniprakashan.com
marketing@vaniprakashan.in
sales@vaniprakashan.in

Kahati Hain Auraten
by Anamika

ISBN: 978-93-5518-389-7
Poetry Collection

प्रथम संस्करणः 2022, प्रकाशित प्रतियाँः 300

मूल्यः ₹499

आर. टेक ऑफ़सेट प्रिंटर्स, दिल्ली-110032 में मुद्रित

वाणी प्रकाशन का लोगो मक़बूल फ़िदा हुसेन की कूची से

मां और अम्मा के नाम

और उन सब ठस्सेदार मौसियों, मामियों, बुआओं और चाचियों की स्मृति में

पूरी दुनिया जिनका अपना ही गली–मौहल्ला, घर–आंगन थी

मैं एक दरवाजा थी
मुझे जितना पीटा गया
मैं उतना खुलती गयी

खुदा ने कलम रख दी
और कहा—
'औरत है, उसने यह गलत नहीं कहा'

अनुक्रम

स्त्री कविता

नया भ्रमरगीत : उपालंभ और तिनके की ओट? रिश्ता पगुराहट, बीन और भैंस का?

एक जमाना था जब पुरुष कविताएं लिखते थे और औरतें उन कविताओं के अनंत छिद्रों से अच्छी बच्ची की तरह झांकती मंद-मंद मुस्काया करती थीं। उन औरतें के खास लक्षण होते थे—1. वे सर्वदा सुंदर होती थीं, सर्वांग सुंदर, पर उन्हें डर बना रहता था कि उनसे उनका यौवन और सौंदर्य छिन न जाए, 2. अक्सर वे असमय ही भगवान को प्यारी हो जाती थीं और 3. आजीवन, जीवन के बाद भी उनका इकलौता काम होता था अपने प्रिय में प्रेरणा पंप करना किंतु खुद अपनी सुध-बुध बिसराए रखना।

मध्ययुग में कई महत्वपूर्ण महिला कवि हुईं और उन्होंने पुरुषों पर लिखा, लेकिन उन्होंने जिन पुरुषों पर लिखा—वे उनके आराध्य थे, उनके काल्पनिक आदर्श, इसलिए उनको लेकर वैसा मिला-जुला भाव उनकी कविताओं में नहीं घुमड़ता जैसा आधुनिक महिला कवियों में मिलता है। प्रेम और घृणा, आकर्षण-विकर्षण मेल और अलगाव, आह्लाद और संताप, द्वंद्व और निर्णय के बीच का यह तनाव ही दरअसल आधुनिकता-बोध की नियति है—पिछले पचास वर्षों की स्त्री-कविता में जिसकी आहटें साफ दर्ज हैं।

कोई भी समाज कितना प्रगतिशील या पिछड़ा हुआ है—इसकी जांच की सामान्य-सी कसौटी है उस समाज में स्त्रियों, बच्चों और वृद्धों की स्थिति का आकलन; मगर एक विडंबना यहां यह घिर जाती है कि बहुत ज्यादा 'सुखों से अघाया' (सैटिस्फाइड संडे फेसेज) का समाज कविताएं अच्छी नहीं लिखता। तीसरी दुनिया के देशों में स्त्री-समाज यदि दोहरी-तिहरी मार का शिकार है तो

इससे उसे एक तो फायदा है ही कि उसकी कविता उन्नत है। पीड़ा और विडंबना-बोध, फैंटेसी और यथार्थ, ट्रैजिक और कॉमिक, आतंक और हंसी, व्यक्ति और समष्टि, गुस्सा और सेलिब्रेशन, सिंबॉलिक और सिमिऑटिक आदि कई ध्रुवांत हैं, जिनका एक सजग अंतर्पाठीय संवाद यहां की उत्कृष्ट स्त्री-रचनाकारों के पाठ में साफ प्रतिध्वनित है। ऐसा नहीं कि सब स्त्रियां अच्छा ही लिख रही हैं और कमजोर कविताएं लिखी ही नहीं जा रहीं—कच्चा रोना-गाना भी यहां भरपूर है—मनोगतिकी की दृष्टि से जिसका समाजशास्त्रीय विश्लेषण आसान है पर काव्यशास्त्रीय विश्लेषण असंभव—पर जो अच्छा लिखा जा रहा है, वह इतना अच्छा है कि विश्व की स्तरीय कविताओं के समकक्ष आसानी से खड़ा हो सकता है।

जैसाकि फ्रेंच भाषाविदों के भाषिक विश्लेषणों से स्पष्ट ही है--पुरुष की लिबिडिनल इकोनॉमी का बीच शब्द है 'संपत्ति' और स्त्री की 'लिबिडिनल इकोनॉमी' का बीज-शब्द है 'उपहार', एक ऐसा अवदान जिसका दाम वसूलने की कोशिश कभी की ही न जाए। इसलिए उसमें ऐसा बहुत कुछ संचित रह जाता है जिसे उच्छल अभिव्यक्ति की आवश्यकता होती है। स्वभावतः स्त्रियों की भाषा में एक खास तरह का आवेग होता है और वैसा ही क्रमण-संकुचन जो प्रसव का साक्ष्य वहन करे। उसमें होता है 'वस्तुनिष्ठा' और 'आत्मनिष्ठा' का समायोजन, तर्क और अंतःप्रज्ञामूलक उस अर्द्धविस्मृत भाषिक लय का संयोजन तो गर्भगृह में मां की देह से छनकर शिशु की देह में उतर आता है—आती-जाती सांस की लय, स्तन पकड़ाने-छुड़ाने की लय, प्रकाश जलने-बुझने की लय—पूरी की पूरी नहीं भी तो काफी हद तक अधूरे वाक्यखंडों, शब्दों के बीच की दरारों, अंतर्पाठीय प्रभावों, रचनात्मक अन्यथाकरणों और व्याकरण के नियम लांघ जाने में प्रतिबिम्बित होती है या सिनेस्थेसिया (Mixing of Sensations) और बहुध्वन्यात्मक (Polyphinic) बिम्बों में। उसकी गति क्षैतिज नहीं, वर्तुलाकार होती है, संबंधवाचकों और समुच्चबोधकों का भी खासा तरल विनियोग वहां होता है। वाक्य-रचना के तट तोड़कर बही जाती निर्बाध नदी, बहुविधात्मकता (आत्मकथा, आलोचना, निबंध—सबका मिला-जुला रूप, विस्मृतियों और मिश्र (portmantean) शब्दों के संकुलित तरंग की बड़ी उठान—सबमें ही औरत की देह और मानसिक बनावट का द्वंद्व

धक्-धक् बजता हुआ साफ सुनाई देता है। उसके रूपक, श्लेष, योगात्मक क्रीड़ाभाव—सब एक ऐसे अवचेतन का पता देते हैं जो सर्वसमावेशी है और उच्छल।

वर्जीनिया वूल्फ, मरीना स्वेताएवा, अन्ना अख्मतोवा, सिल्विया प्लाथ एन सेक्सटन और अपने यहां की भी कुछ मातृमुखी कवयित्रियों की भाषा ऐसी ही भाषा है। आदर्शीकृत मिथ की दुनिया में रहने वाली ये कवयित्रियां आत्महत्या की हद तक नहीं भी गईं तो आध्यात्मिक/धार्मिक/मिस्टिकल अनुभूतियों की उस स्वयंसमर्थ दुनिया में प्रयाण कर गईं जो मीरा को मीरा, अक्क महादेवी को अक्क महादेवी या फिर क्रिस्टीना रॉजेटी, एमिली डिकिन्सन, लेवेरतोव या महादेवी वर्मा को वह बनाती हैं जो वे हैं। 'चेतन' से अधिक 'अवचेतन' का, यथार्थ से अधिक 'आदर्श' का दबाव इन पर लगातार बना रहता है और ये जीती भी हैं तो आदिम स्मृतियों और देवी/आधिभौतिक सपनों से आकंठ भरी हुई। मातृमूलक संवेदनाओं से घुलना इन्हें आत्म-विसर्जन की सीमाओं तक खींच लाता है, पर यह विसर्जन एक दुरूह किस्म का विसर्जन होता है जो अस्मिता की तलाश के प्रश्न से भी जटिल ढंग से आ जुड़ता है, बल्कि ठीक से देखा जाए तो होता ऐसा है कि अस्मिता की तलाश के क्रम में ही तदात्म्य और समर्पण घटित हो जाते हैं, एक ऐसे प्रकाश-बिंदु से जो आदर्श जान पड़ता है और लंबी तलाश/साधना के बाद मिलता है। 'सिमिऑटिक' स्तर वाला यह समर्पण 'सिंबॉलिक' व्यवस्था के कोमल-सहिष्णु-लज्जालु—'कांतासम्मत' समर्पण से बिलकुल भिन्न होता है क्योंकि इसमें एक (आदर्श) के स्वीकार में पूरी व्यवस्था का, पूरी अन्यायपूर्ण व्यवस्था का निषेध शामिल होता है। एक प्रेमी/भक्त और मिस्टिक की आत्मा इसी अर्थ में बागी होगी है। जब मीरा कहती है—'मेरो तो गिरिधर गोपाल/दूसरो न कोय' तो एक के स्वीकार में पूरी व्यवस्था के निषेध का क्रांतिकारी दर्शन घटित होता दिखाई देता है।

इसी तरह महादेवी वर्मा के भी कई गीत उनके रहस्यवादी स्वरूप का खंडन करते हुए उन्हें प्रखर स्त्रीवादी विद्रोह का तेज देते हैं—

'*कीर का, प्रिय, आज पिंजर खोल दो।*'

पूरे गीत का आवेग ध्यातव्य है। इसी तरह जब वे कहती हैं—

'पंथ रहने दो अपरिचित, प्राण रहने दो अकेला।
चिरव्रती निर्माण-उन्मद
ये अमरता नापते पद
बांध लेंगे अंक-संसृति से तिमिर में स्वर्णबेला।'

यह और स्पष्ट हो जाता है कि अपने एकांत को, अपने आपको ही चीरकर दो भागों में बांटने और अपने-आपसे नया संवाद कायम करने की यह महत्त्वपूर्ण पहल है। दाम्पत्य के क्लेशों को लेकर लंबा-चौड़ा शिकायतनामा दर्ज करने के स्थान पर महादेवी इक्कट-दुक्कट में निष्णात बच्ची की तरह कड़वे यथार्थ के विषम वर्णन साफ फलांग जाती हैं और कल्पित आदर्श के साथ-साथ खुद अपने से जो नया संबंध कायम कर लेती हैं—यह कम साहस का काम नहीं।

सुभद्राकुमारी चौहान ने 'वीर' और 'वात्सल्य' को महादेवी जी की 'करुणा' से अलग एक पहचान दी—यह उनका बड़ा अवदान है। रस-निक्षेप की दृष्टि से और शब्द-चयन के निकष पर भी स्त्री-कविता का परिवृत्त बड़ा करने का श्रेय उन्हें जाता है। काव्य-भाषा की जकड़न खोलने में, उसे बातचीत की भाषा के करीब लाने में उनकी कविताओं की बड़ी भूमिका है।

छायावादोत्तर गोधूलि में संधिप्रकाश रागों की मेलंकली के साथ जो स्त्री-स्वर उभरे—उनमें से कुछ पर आरोप लगा कि वे अपने परिवेश से कटी हुई हैं, आत्मदया और कच्चे आक्रोश से भरी है उनकी कविता। कुछ आलोचकों ने 'फरियाद की कोई लय नहीं है' कहकर इन्हें समंजित करना भी चाहा तो दया-भाव से, और तब उभरे 'पर्सनल इज पोलिटिकल' और 'आइडेंटिटीज इन प्रॉग्रेस' की ऊर्ध्वबाहु घोषणा करते सुसन गिल्बर्ट, लांका और अन्य उत्तर-संरचनावादी समीक्षक जिन्होंने पासा ही पलट डाला, यह सिद्ध करके कि एकाधिक, अनिर्णीत, चल उप-व्यक्तियों का समूह होता है, कोई भी व्यक्ति (स्त्री हो या पुरुष)—इसलिए उसकी भाषा भी प्रति-पल-परिवर्तित (जेनरेटिव) प्रक्रिया होती है, अर्थ-विन्यास का ठस्स ढांचा नहीं और यह भाषा पूर्णता तभी ग्रहण करती है जब वह निजी से निजी, सूक्ष्म से सूक्ष्म अनुभूति की लय की साक्षी बने, पितृसत्तात्मक सामााजिक विनियामितताओं (सिंबॉलिक) से मातृसत्तामूलक प्राक्‌यएडिपीय संवेदनाओं (सिमिऑटिक)

का सजल संवाद घटित करे।

'शिपरेक ऑफ द सिंगुलर' और 'मल्टिपल आई' की इस स्थापना के बाद कविता में—विशेषकर स्त्री-कविता में—'मैं' और 'हम' का तो फर्क मिट गया—'जल में कुंभ, कुंभ में जल है, बाहर-भीतर पानी/फूटा कुंभ, जल जलहिं समाना, यह तत कथौ गियानी'। मैं का घट फूटकर 'समष्टि' के जल से ऐसा एकप्राण हुआ कि 'अणोरणीयामहतोमहीयान' की स्थिति आ गई: 'मैं' रोटी बेलती हूं जैसे पृथ्वी' का 'मैं' हो या 'मैंने कहा था आंख के लिए बस इतना ही काफी है। आज के लिए बस इतना ही अंत' का 'मैं'।

'मैं' की चौहद्दी सामाजिक ही नहीं, परिमाणात्मकम निकष पर भी बढ़ी। यह सर्वसमावेशी इस अर्थ में भी हुआ कि उसने अब तक अनादृत/उपेक्षित अनुभव-वृत्त भी समेटे। ऋतुमती होना, गर्भधारण करना, दूध पिलाना, बच्चे बड़े करना, पिटना, बलात्कार, गालियां, टूं-टां, खचर-पचर भावहीन, यांत्रिक, संभोग, नोच-खसोट...और भी तरह-तरह की हिकारतें चुपचाप झेलते चले जाना स्त्री-देह से जुड़े ऐसे बड़े सत्य हैं जिनकी अभिव्यक्ति की भाषा अब जाकर स्त्रियों ने साधी है। रोटी बेलने, जुएं चुनने, झाड़ू देने तक की विशिष्ट अनुभूतियां एक अलग तरह का मेटाफिजिकल/रूपकात्मक/प्रतीकात्मक आयाम स्त्री-कविता को दे गई हैं।

चेखव की 'थ्री सिस्टर्स' का-सा सखी-भाव परिविस्तार इधर की स्त्री-कविता की दूसरी बड़ी विशिष्टता के रूप में उभरकर सामने आई है यह पहले भी मैंने कहा है और जानबूझकर फिर कहता हूँ—घर-गृहस्थी, नौकरी और बच्चों की तिहरी जिम्मेदारी और अधूरे, अतृप्त प्रेम के तनावों के बीच एक स्त्री जब दूसरी स्त्री का संबोध्य बनती है—एक नए रस का परिपाक होता है—वात्सल्य, करुणा और शांत—सब जिसमें अपने उदात्ततम रूप में समाविष्ट दीखते हैं। बच्चों में और दूसरी औरत में (मां/मौसी/बुआ/पड़ोसिन/सहयात्रिणी/एक परचून की दूकान से राशन खरीदने वाली सहक्रेतातक में) एक औरत विश्वास, निष्ठा और सहानुभूति का परिविस्तार सहज ढूंढ लेती है। ये स्पंदन कुछ ऐसे हैं जो उसे पुरुष के संसर्ग में बहुधा नहीं मिलते तो वह मीरा-महादेवी की-सी मन:स्थिति में आकाश-तत्व की ओर मुड़ जाती हैं या फिर लेस्बियन रचनाकारों की तरह आत्मनिर्भर घेरों के संधान में। इतिहास, मिथक

और आत्मकथा के सम्मिश्रण (Biomythography) से मातृसत्तात्मक विस्मृत स्पेस पुनर्सृजित करने का जो मूलमंत्र स्त्री रचनाकारों ने इधर साधा है, उसी के आश्रय अलग-अलग सांस्कृतिक अस्मिताओं के बावजूद विश्व-भर की स्त्रियां भगिनी-भाव से जुड़ी हैं।

समकालीन स्त्री-कवियों में दो-तीन तरह के स्वर जो इधर उभरकर आए हैं, उनमें एक तो बायोमाइथोग्राफी की इसी परंपरा से जुड़ता है। बायोमाइथोग्राफी जातीय स्मृतियों के आलोक में स्त्री-संसार के विशिष्ट अनुभव-वृत्तों का सजग आकलन एकदम ताजा, धारोष्ण बिंबों के आश्रय करती है। दूसरी परंपरा में आती हैं प्रकट राजनीतिक जज्बे वाली तीक्ष्ण व्यंग्य-कविताएं और तीसरी में मीरा-महादेवी वाले तेवर की ट्रांसेंडेंस-परक कविताएं जो यथास्थितिवादी दीखती तो हैं पर हैं नहीं। उनकी शांत सतह के भीतर की हलचल (मनोगतिकी) का यथेष्ट विश्लेषण होना ही चाहिए, कुरेदनी ही चाहिए उसकी नींद जिसमें 'उसके सपने की मिट्टी फंसी होगी/बर्फायी घास का तिनका भी।'

इस तीसरी परंपरा की भाषा तो सिहरी-ठहरी और शोकदग्ध है—जैसे कोई दुख से पत्थर ही हो चला हो—पीर बाकी जो दो परंपराएं हैं—बायोमाइथोग्राफी और व्यंग्यवाली—उसमें वह रवानी और क्रीड़ावृत्ति भरपूर है जिसे फ्रेंच भाषाविद् 'Push & Joy of language' कहते हैं। स्त्री-पुरुष संबंधों में असमंजसजन्य अवसाद का स्वरूप कुछ तो जरूर बदला है, भाषा के तेवर भी बदले हैं—यह अधिक दोस्ताना और अनौपचारिक हुई है—नए-नए बिंबों से अनुस्यूत। प्रेम, आनंद और शांति की 'यूटोपिया' का क्लांत अस्तित्ववादी संधान हाशिए पर चला गया है, अधिकार हनन के विरुद्ध सधा व्यंग्य भी भाषा और स्थितियों के साथ एक आत्मविश्वास-भरे छेड़छाड़ में तब्दील हो गया है। आत्मान्वेषण का हर्ष कुछ इतना घना है कि भाषा से होली खेलती दीखती हैं श्रेष्ठ स्त्री रचनाकार। लोकगीतों की-सी परिहास-वृत्ति, एक महीन-सा ह्यूमर भी इधर की स्त्री-कविता की एक बड़ी उपलब्धि है।

यह ह्यूमर विशेष प्रकार का है। इसकी प्रकृति जॉन डन आदि मेटाफिजिकल कवियों के विट्-विषयक दर्शन (Violent yoking together of heterogenous opposites) से मिलती है। इस दर्शन का सार यह है

कि—(अ) सृष्टि की सब चीजें एक सूत्र से जुड़ी हैं, इसलिए किसी की भी तुलना किसी से भी हो सकती है (प्रेमीयुगल की तुलना कंपास की दो सुइयों से भी), (आ) भावों की शुद्धता की रूमानी धारणा आदमी के दिमाग की क्लिष्ट बनावट के प्रतिकूल पड़ती है—प्रेम में पड़ा आदमी दिन-रात सिर्फ प्रेम के बारे में नहीं सोचता, सच्चे से सच्चे प्रेमी को भी कभी पैसे की चिंता सता सकती है, कभी दुनिया के और क्रूर यथार्थों की—इसलिए उसकी मन:स्थिति का यथेष्ट चित्रण केंद्रीय और अपकेंद्रीय—दोनों संवेगों की बहुआयामी प्रस्तुति से ही संभव है।

यह खास तरह की क्रीड़ाधर्मिता अपने उद्देश्यों में उतनी अगंभीर भी नहीं, सत्य को समग्रता में देखने की कोशिश ही है—यह स्त्री कवयित्रियां बखूबी समझती हैं। तभी उनके यहां दैनंदिन उपयोग की साधारण चीजें एक कॉस्मिक द्युति पा जाती है और कॉस्मिक महत्व की चीजें (खुद ईश्वर भी) पिछवाड़े का लड़का या लिफ्ट-मैन जैसा कुछ मामूली होकर रह जाती हैं। स्त्री-भाषा का सतत घूर्णन इसका बड़ा प्रमाण है। कैदियों के जूते घिसते जा रहे हैं इसी काम में। समय ही स्त्रियों का इसलिए वक्राकार घूमता है कि रैखिक प्रगति वहां कम ही होती है—एक अनंत से दूसरे अनंत तक गोल-गोल नाचते ही जाते हैं आदि-बिंब, लोक-छंद, विगत और आगत!!

क्या करती हैं औरतें? : भाषिक हवाई फायर?

हमारे दो होंठ हैं। दोनों मिलते हैं, एक लय में गतिशील होते हैं, तो भाषा बनती है। एक हिले, दूसरा स्पंदित ही न हो, तो भाषा का सृजन असंभव होगा। भाषा का-सार है संवाद, भाषण नहीं। दोनों होंठों की अस्मिता बरकरार रखने का नाम है भाषा। भाषा अपनी पूर्णता में किसी तरह की एकांगिता बर्दाश्त नहीं करती, और इसीलिए हर तरह की अन्यायपूर्ण एकांगिता के भास्वर विरोध का हथियार बनती है। भाषा को व्यक्ति के अधीनीकरण के सांस्कृतिक षड्यंत्र का हथियार जब-जब बनया गया, भाषा गवाह है कि उसे निरस्त करने के हथियार भी उसी से निकले।

आज स्त्री-लेखन में भाषा के रचनात्मक अन्यथाकरण (creative distortion या deterritorization) के अनेक सजग यत्न हो रहे हैं। शब्दों

और वाक्यों के बीच की दरारों, स्खलनों, फांकों, अनुगूंजों का यानी प्राक्‌भाषा संवेदनाओं का ऐसा संकेतात्मक, सतर्क विनियोग हो रहा है, जो subject position पलट सके। वाक्य के जो दो खंड होते हैं : उद्देश्य और विधेय, उनमें पहले पर यानी subject position पर पुरुष की, और दूसरे यानी object position पर स्त्री की उपस्थिति पिछले कई सौ वर्षों से हमारी मनीषा में दर्ज है। सत्ता जिसके भी हाथ में होती है, जाहिर-सी बात है कि subject position पर वही होगा, कर्ता वही होगा, वक्ता वही होगा; बाकी श्रोता होंगे, और मूक द्रष्टा। भारतीय सौंदर्यशास्त्र स्त्री के धैर्य और सहिष्णुताधर्मी मौन का जो इतना महात्म्य बखानता है, वह अकारण तो नहीं है। एक बड़ी चुपचाप-सी सहमति सबके मन में इस बात को लेकर बन गई-सी दीखती है कि बोलती सिर्फ दूसरे-तीसरे दर्जे की स्त्रियां हैं क्योंकि बोलने की जरूरत ही सिर्फ उन्हें पड़ती है जिनकी रूमानियत-भरी रहस्यमयी चुप्पी का घेरा लोगों का ध्यान खींचने में समर्थ नहीं हो पाता; यानी कि एक खास तरह की कमी, एक खास तरह का खोट, एक खास तरह की अतृप्ति, जो castration complex से भी नीचे की चीज है, उन्हें बोलने को विवश करती है। पद्मिनी नायिकाओं को बोलने की क्या जरूरत! भट्टिनी को बोलने की क्या जरूरत! बोलती है निउनियाएं, प्रौढ़ाएं, वेश्याएं, विषकन्याएं, रणचंडियां और दासियां, जिन बेचारियों का बोले बिना काम नहीं चलता। और जो भाषा से बोलती हैं—चटक, पुष्ट, जीवंत और धारदार—उनमें लोकजीवन अपनी पूरी ऊर्जस्विता और बांकपन के साथ, अपने सब रंगों में सहज उजागर होता है। गांव-घर की भाभियों, चाचियों, बुआओं की गालियां, उलाहने, कहावतें, किस्में, गीत, पहेलियां और ताने भाषा से एक ऐसी जोरदार होली खेलते हैं कि 'धोबिनिया धोए आधी रात' वाला आलम हो जाता है। साहित्य के सिर इनकी इस रंग-रंगीली, दृष्टांतबहुल, चित्रमयी, ठस्सेदार, ठेठ भाषा का ऋण बहुत बड़ा है।

इतिहास की तो जाने ही दें, हमारी पूरी मिथकीय परंपरा में बस एक आर्य-स्त्री है जो बोलती है। वह स्त्री है पार्वती। महादेव चूंकि महादेव हैं, उन्होंने अपनी स्त्री को तर्क की, विमर्श की, जिद की स्वतंत्रता दे रखी है। बेचारे समझते हैं कि इस स्त्री में आग है, इसने अपने पिता, हिमालय, से भी स्पष्ट विद्रोह किया था, इसलिए इसे कम से कम बोलने की स्वतंत्रता तो

चाहिए ही। धरती का राउंड लेने जब दोनों पति-पत्नी निकलते हैं, तो पार्वती दीन-दलितों का भाग्य पलटने की पैरवी लगातार उनसे किए चलती हैं, और पैरवी के इस डिस्कोर्स का विश्लेषण करने हम बैठें तो स्त्रीत्व की एक सरल लेकिन रोचक-सी छवि हमारे सामने उभरती है। यह जो स्त्री दूसरों का दुःख देखकर पिघलती है, उनके केस की पैरवी अपने पति से करती है और जिद से, इसरार से, तर्क से अपनी बात मनवा लेती है, यह अपने-आप में एक पूरी संस्था है, एक समूचा प्रेशर ग्रुप। सत्ता चाहे जिसके हाथ में हो, करने वाला चाहे जो हो—पुरुष ही सही, काम करवाएगी स्त्री और करवाके रहेगी। स्त्रीत्व का यह बिंब जो मौन स्वीकृति के ऊपर उसकी स्वतंत्र समझ की कुशल, ध्येयनिष्ठ अभिव्यक्ति में सफल होता है, मेरे विचार से किसी पितृसत्तात्मक समाज की एक महत्त्वपूर्ण उपलब्धि है। सत्ता हाथ में न हो तो भाषा के जोर से कायाकल्प कैसे घटित किए जा सकते हैं, इसका अच्छा उदाहरण है पार्वती। नियति के चक्र भी सिर्फ भाषा के जोर से वे बदल डालती हैं।

भारतीय मनीषा में भाषा से स्त्री का जो अपेक्षित-सा रिश्ता है, अगर उसी का बुद्धिमत्ता से विनियोग किया जाए तो भाषिक क्रांति के कई सूत्र वहां हमें मिल जाएंगे। इसका दूसरा उदाहरण हड़तालिका व्रत-कथा के इस श्लोक में देखा सकता है।

सर्वेषां सर्वधर्माणामल्पायाषं महत्फलम्,
प्रसन्नोऽसि मया नाथ! तथ्य ब्रूहिमाग्रतः।
केन त्वं हि मया प्राप्तस्तपोदानव्रतादिना
अनादिमध्यानिधनो भर्ता चैव जगत्प्रभुः।

पार्वती कहती हैं—हे महेश्वर, हमें कोई गुप्त व्रत या पूजन बताइए जो सब धर्मों में सरल हो, जिसमें परिश्रम भी कम करना हो, लेकिन फल अधिक मिले। यदि आप मुझ पर प्रसन्न हों तो यह विधान बताइए। हे प्रभो! किस तप, व्रत या दान से आदि, मध्य और अंत रहित आप जैसे प्रभु हमें प्राप्त हुए हैं।

इस वाक्य का गठन विचारणीय है—व्रत करने वाली ने व्रत कर भी लिया, शिव को पा भी लिया और अब पलटकर उलटे शिव से ही पूछ रही है कि बताओ तो मैंने कौन-सा व्रत किया। इसकी दो व्याप्तियां हो सकती हैं—पहली यह कि मैंने तो तुम्हें पाने के लिए जाने कितने अनुष्ठान किए, उनमें

कौन-सा लह गया इस बारे में मैं जरा कंफ्यूज़्ड हूं, तुम मेरा कंफ्यूजन दूर करो; और दूसरी व्याप्ति यह हो सकती है कि पार्वती के प्रत्यक्ष संबोध्य तो शिव हैं, किंतु परोक्ष संबोध्य अखिल ब्रह्मांड है जिससे वे अपनी स्मृतियां शिव के filtered indirect narration के साक्ष्य में बांट लेना चाहती हैं। पार्वती की भाषा की यह लोकाभिमुखता अपने-आप में बहुत महत्त्वपूर्ण है जो उन्हें स्त्रीत्व की आधुनिकतम परिभाषाओं से जोड़ देती है।

इस सदी की शुरुआत में जब शरतचंद्र ने कहा कि सतीत्व बड़ी चीज है, पर उससे बड़ी चीज है स्त्रीत्व, तो लोग चौंके थे क्योंकि स्त्रीत्व को पत्नीत्व और मातृत्व से अलग करके देखने-पहचानने का शऊर तब सबको न था। पत्नीत्व बड़ी चीज है, मातृत्व भी, पर स्त्रीत्व सिर्फ पत्नीत्व और मातृत्व का समुच्चय तो नहीं है। इसके परे जो वह है, उसकी परिभाषा भाषा की सीमाओं के परे की चीज है, पर पार्वती की लोकाभिमुख, सतेज, सवाक् द्रवणशीलता में उसकी एक झलक जरूर देखी जा सकती है।

मुझे तो लगता है, पार्वती बहुत ह्यूमरस हैं। स्त्रीवादी लेखन पर जो आरोप है कि यह अत्यधिक संकुचित, अत्यधिक गंभीर, अत्यधिक अकादमिक, अत्यधिक झगड़ालू और किंचित प्रगल्भ है—उसका निराकरण पार्वती की चुटीली भाषा के शिल्प में हमें सहज मिल जाएगा। प्रथम चरण के फेमिनिस्टों को जो तेज 'काली' के semiotic nuances से मिला, समन्वित नारीवाद के पक्षधरों को पार्वती के सुचिंतित विमर्शों में वही तेज मिलने की संभावना मुझे दीखती है।

अच्छा योद्धा परिस्थितियों और प्रतिफलों के अनुरूप अपनी रणनीतियां बदलता चलता है। जो मुद्दे सामने लाने थे, प्रथम चरण का स्त्रीवाद अपनी पूरी गरज-तरज के साथ आग की भाषा में सामने रख चुका है। लोग सहमत हों न हों, जानते जरूर हैं कि मुद्दे क्या हैं। अब समय है कि उन मुद्दों के बारे में लोगों को तर्क से, ह्यूमर से, आश्वस्त कर लिया जाए कि वे कितने सही हैं—खुद उनके ही हित में जो इन पर तंज करते हैं, सड़ी-सी, पूर्वग्रह-जर्जर भाषा में हर जगह इनका विरोध करते हैं, और नारों, विज्ञापनों, गालियों, किस्मों, कहावतों, संस्मरणों, जनसंचार माध्यमों, पंचायतों, दफ्तरों, यहां तक कि साहित्यिक विमर्शों में स्त्रीविरोधी एक व्यापक सांस्कृतिक षड्यंत्र में अपनी शिरकत से

जरा भी नहीं चूकते। उनकी दृष्टि में पूरा स्त्री-समुदाय ही गर्हित है, अपवाद हैं सिर्फ उनकी माताएं और कहीं-कहीं वे भी नहीं।

इस षड्यंत्र के खिलाफ स्त्रियों की यह जो तिरछी-सी, महीन-सी, जरूरी सी लड़ाई है—साम-दाम-दंड-भेद के अलग-अलग तरकशों से नहीं लड़ी जा सकती। हम एक ऐसे दोमुंहे समाज में जी रहे हैं जहां साम-दाम-दंड-भेद अलग-अलग रणनीतियां रह ही नहीं गए। साम की दाम में, दाम की दण्ड में, दण्ड की भेद में घुसपैठें कुछ ऐसी बढ़ गई हैं कि कहीं कुछ स्पष्ट दिखाई नहीं देता, और इस पेंच का सबसे गहरा असर, जाहिर है कि भाषा पर पड़ा है। साम-दाम-दंड-भेद तो भाषा के बगैर मुमकिन नहीं, भेद की भी एक खास भाषा तो होती है जिसकी स्पष्ट आहट थेर गाथाओं की रचयिता बौद्ध भिक्षुणियों और भक्त-कवयित्रियों से लेकर समकालीन साहित्य की भी हर महत्वपूर्ण रचनाकार में मीरां के घुंघरुओं की तरह साफ ठनकती है। 'मैं' और 'मेरा' स्त्री-लेखन के बीजाक्षर हैं, पर स्त्री-लेखन आत्मालाप नहीं है। यहां 'मैं' और 'मेरे' का जो परिविस्तार है, उसमें निरवधि निस्सीमता है जो सबसे जुड़कर भी सबसे अलग है, अकेली है और अकेली रहना चाहती है : "पंथ रहने दो अपरिचित, प्राण रहने दो अकेला, जान लो यह मिलन एकाकी विरह में है दुकेला।" स्त्री की क्या, यह तो मानव-मात्र की नियति है। फिर भी समायोजन के यत्न होते तो हैं और होने भी चाहिए! और भाषा ही वह पुल है जो जोड़ता है या जोड़ सकता है। देह की, आंखों की, अच्छी-बुरी स्मृतियों की अलग-अलग भाषाएं तो स्त्री-पुरुष नहीं बोलते, उनका निहितार्थ एक ही होता है, कहने का ढंग बेशक अलग-अलग हो! और कहने का यह जो स्त्रियों का अलग-सा ढंग है, भाषा उसे दोयम दर्जे की अभिव्यक्ति न कहकर, उसका सौष्ठव अलग से पहचाने, तभी तो 'मौन मधु हो जाए'। अलग अभिव्यक्ति की यह कशिश एक फ्रैंच फेमिनिस्ट कविता में साफ दीखेगी! कविता का शीर्षक है—

'Menstruation in May'!
I squeeze my breast
for the invisible ink of milk,
I bear down hard—

No baby's head appears
The poems keep flowing monthiy like my blood.
The word is flesh, I say.
Still unconvinced.
The Flesh is flesh.
The word is on its own.

आजकल दरीदा-फूको के उद्धरण एक रूढ़ि-सी बन गए हैं। मैं भरसक इससे बचने की कोशिश करती हूं पर प्रसंगवश कम से कम स्त्री-रचनाकारों को लक्ष्य कर कही गई दरीदा की एक उक्ति उद्धृत करने का लोभ संवरण मैं नहीं कर पा ही हूं—

"Give up specifically female subject in favour of indifferentiation..but don't imitate. You do not have to be a man in order to do it. just as in the nineteenth century India you did not have to be English in order to be Anglicized."

निराला की वह स्त्री याद करें—"वह तोड़ती पत्थर, देखा मैंने उसे इलाहाबाद के पथ पर"। उसी स्त्री की तरह "जो मार खा रोयी नहीं", हमें भाषा के पत्थर तोड़ने हैं और नई राह बनानी है। लाकां कहते हैं कि पुरुषों की भाषा में फैलोसेंट्रिक कसावट सहज होती है, औरतों को यह गढ़नी पड़ती है। पर प्रश्न है कि क्या उदग्र कसावट ही भाषा का एकमात्र गुण है! अपने तरंगायित फैलाव में भी भाषा अलग ढंग से मोहक हो सकती है और सहज महिला रचनाकारों की यह लगातार कोशिश रही है कि उनकी भाषा अलग ही दमके, उनमें उनके व्यक्तित्व की निजता झलके और किसी फैलोसेंट्रिक ग्रंथि की बास उससे न आए। गांधी ने कहा था : "शक्ति का अर्थ यदि पशु-बल है, तब तो पुरुष अवश्य अधिक शक्तिमान है; लेकिन अगर इसका अभिप्राय मानसिक-नैतिक बल भी है तो स्त्रियां पुरुषों से उन्नीस नहीं।" और इसका सबसे संपुष्ट प्रमाण है कि भाषा के सभी रंगों, सभी तेवरों की अलग-सी आंच इनके यहां दिखाई देती है—संवेग, प्रज्ञा, विवेक और बुद्धि की अलग-सी आभा, जो शतरूपा है जैसे अग्नि, और प्रवाहमान है जैसे जल।

स्त्री-भाषा की आंतरिक बुनावट

भाषा बनती कैसे है? करीब-करीब वैसे ही जैसे अमावट बनता है। अगर

आपने अमावट या आम-पापड़ बनने की लम्बी प्रक्रिया देखी है तो याद कीजिए। आंगन में सफेद धोती बिछी है। अमरस के बड़े-बड़े घड़े रखे हैं। बहुत सारे, हाथ और करछुल समवेत ढंग से लगे हैं एक बड़े यज्ञ में—संचित और विस्तीर्ण रस की एक परत धूप-हवा ने सुखाई नहीं कि दूसरी नई परत बिछ गई...और इस तरह परत-दर-परत मिठास, थोड़ी मिट्टी, बहुत सारी मानुष गंध, आदम जात का सरस समवेत स्पर्श एक थक्के के रूप में सामने हाजिर! ऐसे ही बनती है भाषा-परत-दर-परत जातीय स्मृतियां, गंभीर सांस्कृतिक संदर्भ, हर युग, हर वैयक्तिक-सामाजिक अवगुंठन की एक ताजा परत-मीठी, किरकिरी, हल्की-सी खट्टी (चटपटी)—शुद्ध भी अशुद्ध भी—अर्थ के कई ऐसे लच्छों से भरी हुई, जिसकी व्याख्या में "धरती सब कागद करौं, लेखनी सब बनराई" तो भी व्याख्या पूरी न हो।

भाषिक संरचना में अस्मिता की तलाश का प्रश्न जो फ्रेंच भाषविदों ने उठाया—उसके आधार पर इतना तो कहा ही जा सकता है कि हाशिए पर रहने वालों की भाषा हमेश ही अधिक जीवंत, रंग-रंगीली और ठस्सेदास होती है। जो भी वर्ग-वर्ण, लिंग-एक श्रोता की स्थिति में विधेय स्थान पर, अवरुद्ध और उपभोग होते हैं—पता नहीं किन स्रोतों से, क्षतिपूर्ति सिद्धांत के अनुकूल उनकी भाषा में एक अलग तरह की रवानी, तेजस्विता और अनुगूंज खचाखच समा जाती है। इसका सबसे स्पष्ट प्रमाण स्त्रियों की भाषा है।

मर्दों की भाषा अमूमन, व्यापार-वाणिज्य की सरल-सपाट भाषा होती है। वाणिज्य, वणिकवृत्ति और राजकाल की अधिकार प्रमत्त भाषा—शुष्क लेन-देन और ऊपरी सरोकारों की भाषा—'शुष्को वृक्षः तिष्ठति अग्रे' वाली कामचलाऊ, चलंत-फिरंत भाषा, आपाधापी की भाषा, रेलवे प्लेटफॉर्म, कचहरी, बाजार, पंचायत, अस्पताल और दफ्तर की भाषा। जिसे बतरस कहते हैं, उसका शहद तो औरतों के पास ही होता है। गुप्तजी ने "आंचल में है दूध और आंखों में पानी" की बात कही थी, लेकिन बतरस के इस शहद की धारक भी स्त्रियां ही हैं। लोरियां, लोककथाएं, संस्कार गीत, सब इसका साक्ष्य वहन करते हैं। और तो और औरतों के रोने में भी संगीत है—बहुधा वे गाती हुई और बोलती हुई रोती हैं—रूदालियों का अपना इतिहास है। सामुदायिक रुदन के इस आत्यंतिक संगीत की भाषा में ज्वालामुखियों के फटने, समुद्र के

हहाने, धरती के दरकने और बादलों की छाती फट जाने का आदि-नाद भी शामिल होता है।

गांव-देहात की वृद्धाएं बाल-बच्चों के महानगर में बस जाने के कारण बेबसी में महानगर आ तो जाती हैं। उसके बाद एक साथ कई दुःखों के पहाड़ जो उन पर टूटते हैं, उनमें शायद सबसे बड़ा है अपनी भाषा छूट जाने का दुःख। महानगर आते ही उनके मुख पर तो चाभी लग जाती है। सामुदायिक जीवन छूटने का दुःख भाषा छूटने के दुःख में प्रतीकित हो जाता है। अंदर की सारी खद-बद जिसमें प्रतिध्वनित हो जाती थी, वह भाषिक अवलंब ही न रहे तो क्या हो आपसदारी का जो सताए हुओं के बीच का सबसे जांगर पुल बनकर खड़ी होती है?

वृद्धाएं ही क्यों—रोजी-रोटी के चक्कर में कस्बे-देहात के दूसरे आदमी, औरत भी जब शहर आते हैं—उनकी भाषा के खुले डैने धीरे-धीरे मुंदने लगते हैं—भय से, आतंक से और उससे भी ज्यादा इस चौकन्नेपन के दबाव में कि यहां की 'हां-हूं' वाली 'हाय-हलो', 'सॉरी-शिट' वाली एकरूप, चंड और चालू-सी, चुस्त और फुर्तीली आवेदनात्मक भाषा के सामने अपनी भारी-भरकम, चटक, हठीली भाषा का सौंदर्य स्थापित करें तो कैसे? और इसी क्रम में धीरे-धीरे वे महसूस करते हैं कि उनका निर्वाण उनकी मूल भाषा और मूल क्षेत्र से आवाजाही बनाए रखने में ही है। वह मूल भाषा ही उनकी गंगोत्री है। ऐंद्रिक संवेदना के कपाट वहीं से खुलते हैं और उसको भूल जाना खुद को भूल जाना है। इस क्रम में स्त्रियों का दोहन क्यूंकि दोहरा होता है (विस्थापन का दुःख और यौन-शोषण के नए सिलसिले एक साथ झेलने पड़ते हैं उन्हें) अपनी मूल भाषा से उनका लगाव भी दोहरा हो जाता है। यही कारण है कि अपनी संतति को क्षेत्रीय लोककथाएं, लोरियां, पहेलियां और चुटकुले वे भरपूर सुनाती हैं। इन लोककथाओं, लोरियों, पहेलियों और चुटकुलों में अलग-अलग स्रोतों, अलग-अलग व्याप्तियों, रंगों, सुगंधों के चिकने, खुरदरे, लाल-पीले और भूरे खतरनाक शब्द निर्द्वंद्व खेलते हैं।

बीच में एक प्रवृत्ति चल पड़ी थी नॉस्टेल्जिया को रूमान का पर्याय मानकर साफ नकार देने की , पर इधर के मनो-सामाजिक शोधों से स्पष्ट है कि स्वप्न और स्मृतियां ही सुदृढ़ वर्तमान की नींव होती हैं। रोजगार से जुड़े

विस्थापनों का, राजनीतिक निष्कासनों का सार्थक उपयोग अस्मिता के पुनर्निर्माण के लिए लिखित स्त्री-साहित्य में भी इधर अक्सर हुआ है। चेनुआ अचेबे जिसे "re-education and re-generation" का दायित्व कहते हैं, उसके अंतर्गत अपनी जड़ें पहचानने की कोशिश खासी जिम्मेदारी का काम हो जाता है, और भावुकताप्रवण रूमान इसे नहीं ही माना जा सकता।

बल्कि मुझे तो लगता है कि स्त्रियों के यहां कविता-कहानी में चित्रित हर लैंडस्केप, उनमें प्रयुक्त हर लोकमोटिफ या लोकभाषा से नागमणि की तरह उठाया गया हर व्यंजक शब्द, कहावत, मुहावरा, बिंब, चरित्र, संवाद, प्रसंगादि अस्मिता की लड़ाई में एक छोटी-मोटी युद्धभूमि की भूमिका अख्तियार कर गया है।

भाषा के महीन लकरपेंच, टूटे-फूटे पुश्तैनी गहनों की तरह औरतों के कोष में सुरक्षित रहते हैं और वक्त पड़ने पर वे इन्हें अस्त्र भी बना लेती हैं। दरअसल यह तो स्थापित तथ्य है कि भाषिक औजारों से ही लड़ी जाती है अस्मिता की लड़ाई। हंसते-हंसते जान निकाल देने की कला ग्रामवधुओं से सीखे कोई! विशेषकर ग्वालिनों, रंगरेजनियों, मालिनों, नाइनों, कुंजरिनों और दाइयों से। शादी-ब्याह के अवसर पर मजाक-मजाक में गालियां वधू-पक्ष की ओर से वर-पक्ष के लिए ये 'गाती' हैं, दो परिवारों की बीच संबंध-विस्तार में हुई गलतफहमियों और खुदरा खुंदकों की भड़ास निकालने के खातिर। बोलकर बात खत्म कर लेने के विवेक से परिचालित यह रेचन भाषाई दांव-पेंच की दृष्टि से कई बार अनुपम होता है।

संरचनावादी और उत्तर-संरचनावादी—दोनों मानते हैं कि भाषा की शुरुआत एक खास तरह के दमनचक्र से होती है। शिश्न की कमी को फ्रॉयड औरतों के अधीनीकरण का उत्स बताते थे। इसका उत्स लंका बताते हैं प्रतीकात्मक व्यवस्था को—भाषा जिसे बड़े फलक पर उजागर करती है। एक खास तरह की कमी का शिकार पुरुष भी होते हैं। 'मां' से उनकी एकात्मकता जल्दी ही भंग हो जाती है। मातृमूलक संवेदनाओं से नाभि-नाल का संबंध होता है मनुष्य का (स्त्री-पुरुष दोनों का)। सामाजिक 'औचित्य' के नाम पर पुरुष नाभि-नाल का यह संबंध तोड़ तो लेते हैं पर इस प्रक्रिया में उन्हें संघर्ष काफी करना पड़ता है और यही संघर्ष उन्हें बनाता है खुरदरा और रुक्ष। यही खुरदुरापन और रुक्षता उनकी भाषा में भी प्रतिबिंबित हो जाता है।

किसी न किसी कमी का एहसास भाषा के उपयुक्त पल्लवन के लिए सचमुच जरूरी है। तृप्त मनुष्य को बोलने की क्या आवश्यकता? तृप्ति तो ईश्वरीय चुप्पी की ओर ले जाती है। प्रकृति से एकाकार कर हमें ईश्वर ही बना डालती है।

अतृप्त मनुष्य ही बोलना चाहता है पर संरचनागत दबाव कुछ ऐसे होते हैं कि जो कहना चाहता है, साफ कह नहीं पाता और कई दरारें निकल आती हैं शब्द और शब्द के अनंतर जिसमें कई अर्थ-छवियां फंसी पड़ी होती हैं। सैस्यूर तो कहते थे 'सिग्निफायर' और 'सिग्निफायड' की बात। लकां ने बात की 'चेन ऑफ सिग्निफायड्स' की। उन्होंने कहा कि हर सूचक सूचकों की एक श्रृंखला पर से फिसलता हुआ आगे आता है और इस क्रम में कई विस्थापन और संघनन घटित हो जाते हैं, हर शब्द ही निशाने से छूटा हुआ तीर बन जाता है—सही लक्ष्य के संधान की मानसिक तृप्ति कभी मिल ही नहीं पाती।

स्त्रियां इस अतृप्ति का उपाय अधिक सर्जनात्मक और हंसमुख ढंग से कर लेती हैं! जिसे भी अधिक त्रास झेलने होते हैं, वह विपरीत से विपरीत परिस्थिति में भी मस्त रहना सीख जाता है। 'सिमिऑटिक' (आत्मनिष्ठ) और 'सिंबालिक' (वस्तुनिष्ठ) के बीच के द्वंद्वात्मक दोलन को सारी सार्थक गतिविधियों का आधार माना गया है, और यह प्रक्रिया स्त्रियों के त्रास नहीं, आनंद के अतिरेक का द्योतक भी बन जाती है। वह केवल अभाव और अलैंगिकता के त्रास (lack and castration) से पैदा नहीं होती, विपुलता-बोध और भारमुक्ति के आनंद का भी उनकी भाषिक अभिव्यक्ति में बहुत अवदान होता है।

एक बार और नये सिरे से याद दिलाना चहूँगी कि स्त्री-भाषा की सबसे बड़ी ताकत है त्रास और मुक्ति के आनंद का समायोजन, तर्क और अंत:प्रज्ञामूलक उस अर्धविस्मृत भाषिक लय का समायोजन जो गर्भगृह में मां की देह से छनकर शिशु की देह में उतर आता है—प्रसवकालीन क्रमण और संकुचन, स्तन पकड़ाने-छुड़ाने की लय, बत्ती जलने-बुझने की लय, स्वीकार-निषेध की लय एक तरह से औरतों के जीवन की लय भी हो जाती है और इनकी भाषा भी।

इनकी भाषा मूलत: इन्हीं संवेदनाओं की संवादात्मक गतिविधि बन जाती

है। प्रकट मंतव्य की ऊपरी तहों में यह 'सिंबॉलिक' होती है और उसके अंतर्पाठीय दरारों, अधूरे वाक्य-खंडों, रचनात्मक अन्यथाकरणों और व्याकरण के नियम लांघ जाने की सहज वृत्तियों में होती है 'सिमिऑटिक'।

यहीं से अभंग स्रोतस्विनी के रूप में अर्थ की पहचान शुरू होती है—meaning as continuum और यहीं से वह संरचनावादी अर्थ के संजात (grid of meaning) से अलग होती है क्योंकि उसका उद्देश्य होता है तादात्म्य, विभेद नहीं! इसी के दम से स्त्रियों की भाषा प्रक्रिया हो जाती है, अर्थ की ठस्स संरचना नहीं। इसी के दम से उनकी भाषा में नए-नए अर्थों की अनुगूंज भी, विकास की, पल्लवन और प्रसार की संभावनाएं हमेशा जीवित रहती हैं।

हालांकि सामाजिक संवाद के लिए तर्कप्रधान (सिंबॉलिक) भाषा भी कम जरूरी नहीं, पर भाषा का लालित्यप्रधान लीलाभाव, उसकी उमंग, पीड़ा, आत्मविश्वास और आवेग, उसका सर्वसमावेशी, निर्द्वंद्व और उच्छल अंतरंग तो उसके सिमिऑटिक (मात्रासंवेदमूलक) ध्वनि-तरंगों में ही प्रकट होता है—तर्क और व्यवस्था में नहीं, हम स्त्रियों की दैहिक और मानसिक सजावट के धक्-धक् बजते हुए द्वंद्व में। इसी से वह होती है बहुध्वन्यात्मक-गिरिजाघर के उस घंटे की तरह अनुपालन होता है उसमें। लंदन के फुटपाथों पर सोने वाले डिक विलिंग्टन नामक अनाथ बच्चे को घंटे की अनुगुँज ले जाती है जागरण की सरहद के पार जागरण तक। इसी घंटे में उसे वह अस्फुट भविष्यवाणी सुनाई देती है—

"Dick Willington, Poor Dick Willington
Thou shalt be the Lord Mayor of London"

इस तरह सच पूछा जाए तो भाषा अतीत की स्मृतियों और भविष्य की संभावनाओं के बीच झूलती हुई रोशनी की रस्सी है जिस पर स्त्रियां नंगे पांवों का कठिन सफर नाचती हुई-सी पूरा करती हैं—कुशल नटनियों की तरह।

इस पूरी प्रक्रिया की आहट मैंने इस कविता में दर्ज करने की कोशिश की है : *चिट्ठी लिखती हुई औरत*

औरतों के बारे में
माना जाता है

कि वे
चिट्ठियां लिखती हैं
धारावाहिक!
इतना उनके भीतर क्या है-
शताब्दियों का संचित-
कि टीक राकस की
पड़ जाती है
उनकी बातों में,
द्रौपदी की साड़ी हो जाती हैं
बातें उनकी?
चिट्ठी लिखती हुई औरत
पी.सी. सरकार का जादू है।
औरत को मिला है ये वरदान—
कि वह कहीं भी बैठी-बैठी
हो सकती है अंतर्धान।
बस में या प्लेटफॉर्म की उकडूं बेंच पर
ऊंघते-उचकते
अचानक सिहरकर
वह मार सकती है पालथी
और सर्कुलर/ठोंगा/पोस्टर पलटकर
लिख सकती है कुछ भी, मसलन—
कि "बहुत याद आती है, आओ
पता नहीं कौन
एक छोटी-सी बच्ची है
जो आजकल मेरे दिन बेल देती है
इतने बड़े और बेडौल
कि वे अंटते ही नहीं तवे में
और किनारों के नीचे लपककर
झट चूम लेते हैं
ओठ आग के।

रात के कलेजे में
बजता है सन्नाटा
और एक थर्राहट बजती है—
गिरे हुए पत्ते और खुले हुए पन्नों की"
तेलिया मसान कहता है
'घूम ताक'—
तुमको सुनाई नहीं देता, पागल? देखो न—
घूमकर!"
औरतों को डर नहीं लगता
कुछ भी कह जाने में,
उनको नहीं होती शर्मिंदगी
मानने में
कि उनमें पानी है, मिट्टी भी।
पानी और मिट्टी : इन दोनों में से
किसी का
कोई ओर-छोर नहीं होता।
लिखती हैं औरतें इसी से धारावाहिक चिट्ठियां!
पानी और मिट्टी
खुद एक धारावाहिक चिट्ठी ही तो हैं
ईश्वर की—
हम सबके नाम।

काव्यबिम्बों/कथाओं में शरण लेती व्यथाएं

'कितकित' से हम स्त्रियों का लगाव पुराना है। हाईस्कूल में आने के बाद तक मुहल्ले की सखियों के साथ खुद मैं करीब-करीब हर समय कितकित खेला करती थी। 'कितकित' इक्कट-दुक्कट (हॉप स्कॉच) का देहाती संस्करण है। धूल-भरा मैदान—उसमें खिपटे की नोंक से गड़ा-गड़ाकर खींचे गए कई आयात—कंधे से कंधा मिलाए खड़े आयताकार खाने और उनमें शान से टहलती हुई एक अदद 'चप्पू' गोटी! चप्पू गोटी का कमाल यह कि वह 'चप'

से जा बैठे अभीष्ट आयात की गोद में—उछले-कूदे-घूमे-फिरे, मगर आयात की घेराबंदी माने—लक्ष्मणरेखाओं का मान बनाए रखे। लक्ष्मणरेखाएं लांघी नहीं कि 'आँउट'—खेमे के एकदम बाहर-जाति-बहिष्कृत। अभंग मंत्रपाठ के भाव से एक सांस में हमें लगातार 'कितकितकित' साधनी होती थी—सांस टूटने के पहले चप्पू गोटी लंगड़े पांव से सरकाते-सरकाते एक तरफ कर देना जरूरी। यह समूचा कौशल, लंगड़े पांव का यह कठिन नाच, एक सांस की यह तोतारटंत और वे घेराबंदियां धीरे-धीरे हम लड़कियों के जीवन का हिस्सा ही हो जाएंगी-तब कहां पता था?

अब तो खैर, हम वैसी चप्पू गोटियां नहीं रहीं। समझने लगी हैं कि लक्ष्मणरेखाएं खींची ही जाती हैं लांघी जाने के लिए—न लांघें सीताएं लक्ष्मणरेखाएं तो रावणों का वध कैसे हो? 'लक्ष्मण रेखा' और 'उल्लंघन' लव-कुश के जुड़वां भाव में साथ-साथ ही पैदा होते हैं—इसकी रामायण भी गवाह है। सीता को मूक आज्ञाकारिता के कठघरे में जड़ने वाले ये न भूलें कि सीता का सबसे बड़ा सच है लक्ष्मणरेखा लांघ जाना—यानी आपात स्थिति में अपने विवेक के हिसाब से नियमावलियों में परिवर्तन का साहस! निर्णय गलत भी हो जाएं तो क्या, निर्णय लिए गए, स्वतंत्र निर्णय लिए गए—यही बड़ी बात है। दस में एक निर्णय किसका गलत नहीं होता? अपने हिसाब से सीता ने ठीक ही निर्णय किया—किसी को भिक्षा दी, भूखे को भोजन दिया।...और यह इस तथाकथित गलत निर्णय का तेज ही था जो बाद में रावण के वध का निमित्त बना! न होता इस निर्णय का तेज तो रावण का वध कैसे होता? सीता कठपुलती होतीं तो रावण कैसे मारा जाता? जीवन में दो-चार निर्णय 'गलत' भी हों तो क्या? तद्क्षण 'गलत' दीखने वाले ये निर्णय अकसर ही किसी बड़े प्रयोजन का द्वार सिद्ध होते हैं।...लोगगाथाओं के सीता और पार्वती आदि मिथकीय चरित्र तो विशेष रूप से खुशदिल, आजादखयाल, करुणामय और वाक्पटु हैं। जीवन की कितकित की 'चप्पू' गोटियां बनीं—बंद घेरे में टहलती हुई वे कहीं भी नहीं दीखतीं।

यहां जो मैं यह 'कितकित' का किस्सा ले बैठी हूं तो मुझे याद आ रहे हैं कितकित के बाद के सत्रों में सुनी-लोकगाथाओं-लोकगीतिकाओं के हजार सप्राण चरित्र जो हम सब स्त्रियों के अंतर्जगत के स्थायी नागरिक हैं। संभ्रम

और नैतिक ऊहापोह या किसी खुदरा तकलीफ के छटपट क्षणों में ये ही चरित्र आते हैं हमारा हाथ-पांव सहलाने, संबल बन जाने। विश्व-साहित्य तो बहुत बाद में हमारे मन में अपना गोदना गोद पाता है—उसके बहुत पहले लोक-साहित्य से सौगात में मिली 'माटी की मूरतें' ही होती हैं जो सामा-चकवा, कितकित, छुपमछुपाई आदि खेलती फिरने वाली मुझ-सी सामान्य, अबोध लड़कियों में एक नई जीवन दृष्टि सुलगाती हैं। हम नहीं जानतीं—ऐसे कितने चरित्र हैं हमारे भीतर। कुएं के भीतर कितनी अनुसनी पुकारों की अनुगूंजें टहला रकती हैं—यह कौन जानता है।

फिलहाल याद आ रही है एक तेलिन की कथा जो हाल-फिलहाल अखबार में तीन बच्चों की मां के बलात्कार की खबर पढ़कर सहसा याद आई।

कथा बस इतनी-सी है कि एक बाल-विधवा तेलिन ने परात के तेल में अपनी परछाईं जो देखी और भांपा कि उसके बाल अब सफेद हो चले तो चैन की सांस भरकर वह सोचने लगी—'चलो, यह वीरान जिंदगी इज्जत से पार लग गई। बाल अब सफेद होने लगे! खतरे के दिन लद गए।' उसकी यह गुमसुम सोच उसके बूढ़े बैल ने सुन ली और वह हंसने लगा। बैल की उदास हंसी का मर्म खुला तो तब जब इस घटना के तीसरे दिन ही रूपसी तेलिन को जमींदार के गुंडे उठा ले गए। औरत कभी भी, कहीं भी बेइज्जत हो सकती है। बेइज्जती की कोई उम्र नहीं होती—

कुछ महीनों की बच्ची से लेकर कुछ बच्चों की मां-मौसी-चाची तक सरेआम नंगी नचाई जा सकती हैं। साक्षात चीरहरण न भी हो तो चंडूखानों के अंनर्गल प्रलापों में दु:शासनी ठहाकों और क्लीव कानाफूसियों के बीच मन ही मन चीरहरण हो ही जाता है।

मेरे एक सुधी मित्र ठीक ही कहते हैं कि जनमानस में स्त्रीवाद की सही समझ अभी भी विकसित न हुई तो मर्दों की मर्दानगी ही खटाई में पड़ जाएगी। वह पुरुष ही क्या जो स्त्री की देह और मन की सूक्ष्म तरंगें, उनकी गझिन बनावट, आशाएं, उम्मीदें, तकलीफें समझे ही नहीं और कहावत का 'भोंदू' ही बना रहे—'भोंदू भाव न जाने, पेट भरे से काम।'

कैसे बनाएगी नई स्त्री उसको अपना साथी, अपना 'गुइयां' जो चपंडूक

हो और गरियंडा या क्रूर, मुंह पर कुछ कहे, पीछे कुछ, कोई ठहराव ही न हो जिसमें, कोई शील, कोई चरित्र ही जिसका न हो। डगरे के बैंगन को कौन कहेगी अपना पुरुष भला—अब—जबकि स्त्री की आर्थिक परतंत्रता भी कम से कमतर होती जाती है?

नई स्त्री को चाहिए एक ऐसा पुरुष जिससे वह भक्त-कवि जनाबाई की तरह मन खोलकर कह पाए—'ऐ माधव, देखो ने—/ कितने तो काम धरे हैं सिर पर/इतना आटा गूंधना है अभी/इतने कपड़े कूटने हैं—/आओ भी, हाथ बंटा दो थोड़ा/या फिर तुम हेर दो/जुएं ही जरा-/कुछ तो करो न, कुछ करो!'

('मराठी' की एक पंक्ति के आधार पर पल्लवित।)

—अनामिका

अनुवाद की सीमाएं

मुझे हमेशा से लगता रहा है—एक अच्छी कविता के विराट् अनुभव-गह्वर से गुजरना पुनर्जन्म के संतापविह्वल आह्लाद से गुजरना है! संवेदनशील 'पाठ' पाठक में कविता की पुनर्रचना का सुख जगाता है। हर पाठ में पाठक ही कविता को नए सिरे से रचते हों—ऐसा नहीं है, कविता भी पाठक को तोड़-तोड़कर नए सिरे से रचती-गढ़ती है! पुनर्रचना की यह दोधारी प्रक्रिया और भी जटिल हो जाती है तब जब पाठक का परिवेश, देश–काल, भाषा और भावबोध कविता के परिवेश, देश-भाषा और भाव-बोध से भिन्न होता है, क्योंकि तब छेनी दोनों ओर से कई स्तरों पर चलती है, और सहसा समझ में नहीं आता—कहां क्या बना, कहां क्या टूट गया!

उपनिवेश रह चुके देशों के औसत पाठक के लिए लंबे समय तक अंग्रेजी भाषा और साहित्य नन्ही एलिस का आश्चर्यलोक रहे हैं। 'साहबों' की यह भाषा, यह साहित्य जानते भी हैं और नहीं भी जानते, समझते भी हैं और नहीं भी समझते, उसके मायाजाल से बाहर आना चाहते भी हैं और नहीं भी चाहते। उसका एक-एक शब्द जिससे उन्हें ठोकर लगती है, हाथ में उठाकर वे ऐसे जांचते-परखते हैं जैसे वह किसी नए पाताल लोक के मुँह पर पड़ी चट्टान हो! अनुवाद इसी जांच-प्रक्रिया का हिस्सा माने जा सकते हैं।

कैस्टेल सल्मन रुश्दी जैसे प्रवासी भारतीयों को जिस लक्षणा से 'अनूदित जीव' कहते हैं—उसमें अपने मूल से कटकर एक नए निर्मम, असहानुभूतिशील परिदृश्य में अपनी अस्मिता स्थापित करने की पूरी पीड़ा समाहित है! होमी भाभा यह रूपक और आगे बढ़ाते हुए "Transnational/Translational culture" की बात करते हैं—सांस्कृतिक उत्पादों के आदान-प्रदान की एक नई भूमि जो विश्व को नई दृष्टि से आंकने की प्रक्रियाओं की साक्षी भी है। ठीक से देखें तो सांस्कृतिक अस्मिता के विघटन और पुनर्निर्माण की पूरी

प्रक्रिया का संवहन 'अनुवाद' के हिस्से आ जाता है। और अनुवादों का प्राथमिक दायित्व यह बन जाता है कि वे रचना का सांस्कृतिक संदर्भ (Corresponding cultural field for corresponding realities) प्रज्ज्वलित करें। कुल मिलाकर स्थिति यह हो जाती है कि अनुवादक की समस्याओं का समाधान शब्दकोशों में उतना नहीं होता जितना स्थानीय यथार्थों, पारंपरिक विधाओं और परिवर्तनगामी अस्मिताओं से भाषा का नाभिकीय बंध टटोलने में। इस प्रकार के उत्तर—औपनिवेशिक अनुवाद का एक भास्वर उदाहरण गायत्री स्पिवैक की किताब 'इमैजिनरी मैप्स' है जिसमें महाश्वेता देवी की तीन कहानियों की तिहरी (मार्क्सवादी, विसंरचनावादी, स्त्रीवादी) व्याख्या करती हुई वे उनके अनुवाद भी करती हैं। इन अनुवादों की भाषा में एक खास तरह का देशी ठस्सा है और अपने पूरे सांस्कृतिक परिदृश्य को जस-का-तस अंग्रेजी में उठा लाने की कोशिश भी। 'स्तनदायिनी' नाम की कहानी का अनुवाद 'द वेट नर्स' न करके 'द ब्रेस्ट गिवर' वे करती हैं तो सिर्फ उसकी मार्क्सवादी/फ्रायडील अनुगूंजों की खातिर नहीं—बल्कि इसलिए कि 'द वेट नर्स' राष्ट्रीय अस्मिता से सर्वथा निरपेक्ष एक ठंडा, ब्रिटिश मुहावरा है। 'मक्षिका स्थाने मक्षिका' का अपना दर्शन भी कमोबेश यही करता है। मक्खी के स्थान पर मच्छर को बैठाया जा सकता है पर तभी जब किसी देशकाल में मक्खी होती ही न हो और उसका सांस्कृतिक पर्याय वही मच्छर हो।

कमोबेश इन बातों का ध्यान मैंने भी रखा है! सजग रहने की कोशिश की है कि पाठ की अपनी अस्मिता बरकरार रहे, यदि भाषाई तेवर में चस्पा न होने के कारण थोड़े बहुत संदर्भगत फेर-बदल करने ही पड़ें तो वे ऐसे न हो जाएं कि अर्थ का अनर्थ हो ले। पर कुल मिलाकर यह जटिल अनुभव था। एक बात जिसकी तरफ मेरा ध्यान खास तौर पर गया, वह यह कि बड़ी कविता विषय-चयन से लेकर शब्द-चयन, बिंब, कथ्य, रूपक, कथन-भंगिमा आदि कई स्तरों पर हमें इतना चमत्कृत करती है कि कई बार अनुवाद करते हुए आदमी की अपनी रचनात्मक उठान लगती है जोर मारने। रचनात्मकता के जोर मारते ही आदमी पाठ के साथ शाहाना मनमानियां करने को प्रस्तुत हो जाता है जो न अनुवाद के हित में अच्छी बात होती है न अनुवादक के हित में। इस तरह से देखा जाए तो अनुवाद आत्मानुशासन के पाठ भी पढ़ता है। अपने प्रिय कवियों को रचना-प्रक्रिया से सार्थक संवाद के अवसर प्रदान करने की

दृष्टि से छायाएं पकड़ने का, परकायाप्रवेश का यह रोचक पर जटिल खेल अपने-आपमें एक बड़ा शैक्षिक अनुभव भी है जो बहुत सारे रचनात्मक अवगुंठन खोलता है और अनुवादक के रचनात्मक लेखन को प्रकारांतर से नया आयाम भी देता है।

पर जैसा मैंने पहले भी कहा—इस परकाया प्रवेश के रोचक पर जटिल खेल के जितने सुख हैं, उतनी चुनौतियां भी। एक घर की बेटी के दूसरे घर की बहू बनकर प्रकृतस्थ होने में जितने बखेड़े नहीं होते, उससे कहीं अधिक महीन बखेड़े एक भाषा की कविता को दूसरी भाषा की कविता में प्रकृतस्थ कराने में होते हैं और इस क्रम में अनुवादक की भूमिका संयुक्त परिवार की सास-सी मारक और दुरूह होती है—इधर का तार उधर मिलाना चाहा, उधर का तार इधर और कुल मिलाकर इधर से गए और उधर से भी। पर अनुवाद के इस दोहरेपन में ही उसका सौंदर्य होता है—दो के योग से बनी एक तीसरी चीज, जो न तो पहले से दूर जाकर जीवित रह सकती है न दूसरे को छोड़कर। इसी दोहरेपन को साधने की कोशिश में इन अनुवादों का जन्म हुआ है और ये पाठक में यदि समकालीन अंग्रेजी कविता के प्रति थोड़ी-सी भी उत्सुकता जगा सके तो अपना श्रम सार्थक समझूंगी।

—अनामिका

नींव के पत्थर

(नब्बे के दशक के पहले से चर्चित समीक्षित)

स्नेहमयी चौधरी

सीमाएँ

जहाँ सीमाएं होती हैं—
वहीं युद्ध होते हैं!
जहाँ युद्ध होते हैं,
सीमाएँ वहीं होती हैं!

ज्योत्सना मिलन

करवट

चरमराते तखत पर
लेटे-लेटे
रात
बहुत देर तक
सोचते रहे वे
करवट बदलने के बारे में
उनके लिए
करवट बदलने से आसान था
उसके बारे में सोचना
अपने से अलग
रखा जा सकता था घर को
सोचते हुए!

करवट बदलने पर
हड़बड़ा सकता है घर
घिर आ सकता है
तखत के गिर्द!

वे चाहते थे
तखत
कम से कम दे
अपने होने का प्रमाण
इसके लिए जरूरी था उनका
बहुत देर तक करवट सोना
और इसके लिए जरूरी था
बहुत देर करवट बदलने के बारे में सोचना।

पद्मा सचदेव

दिन

दिन निकला या समाधि योगी ने खोली है?
साँझ खिलती आयी
या निकल गयी कोई डोली है?
कोयल कूकी कि कोई बच्चा हँसा
या गली से कोई डोगरी बोलता निकल गया?

कलम

कलम यह सरकण्डे की
टहनी से झूल रही!
टहनी से कलम माँगी—
खीजकर बोरी है वो—
अभी परसों ही तो दी थी नई कलम,
वो कहाँ गयी, कहो!
डरते-डरते कहा मैंने—
    छिलती-छिलती हुई खतम!
पूछा उसने—
    क्या किसी बही खाते पर हो नौकर?
    हिसाब-किताब के लिए कलम चाहिए रोज नई?
कौन है शाह जिसकी दुकान पर इतना काम होता है?
मैंने धैर्य से कहा—
    मैं शाह नहीं, शाहनी का काम करती हूँ।
वो शाहनी बड़ी बख्तावर है।
    उसके घर काम करने वाली अकेली मैं नहीं।
    कितने ही चाकर हैं उसके—

द्वार पर खड़े हैं हाथ बाँधे।
वो है मेरी मातृभाषा डोगरी।
निकालो कलम, ढूँढती होगी मुझे वह,
जल्दी करो।
सरकण्डे ने अपनी बाँह कांटी,
दी मुझे और फिर कहा—
''ले जा इसे, मैं भी चाकर हूँ उसीका!''

काला मुँह

मुझे तो किसीने भी न बताया था
कि जीने की राह गेहूँ के खेत में से होकर जाती है,
पर जैसे माँ का दूध पीना मैंने अपने-आप सीख लिया,
एक दिन घुटनियों चलती
गेहूँ के खेत में अपने आप जा पहुँची।
गेहूँ के साथ-साथ चने ही उगे हुए थे।
मेरी माँ ने हरे-हरे चने
गर्म राख में भूनकर
मुझे खाने को दिए।
मैंने मुँह में चुभलाकर हँसते-हँसते फेंक दिए।
अभी मेरे दाँत भी नहीं आए थे!
भुने हुए चनों से मेरा सारा मुँह काला हो गया।
काली राल टपकने लगी!
माँ ने तो मुझे ये भी नहीं बताया था
कि जब भी दो रोटियों की आशा में कोई आगे बढ़ता है
उसका मुँह जरूर काला होता है!

कुसुम कुमार

स्त्री

स्त्री हो
कम बोलना
कम काटना बात औरों की
मत उलझना
मत हँसना पेट पकड़
चुप चुप गुजर जाना
उन शान-मेले से
स्त्री हो
उसी होने को होना
होने होने को सँभालना
जैसे भी
आज की तारीख और समय
सरका लेना
सिर उठाने
सच बोलने को तो उम्र पड़ी है।
किताबों के ये 'चार दिन' होते
रात हो आएगी —बेटी
ओह आँगन के काँटे चुनते
एक और रात—
स्त्री हो .....
स्त्री
पहले रस्सियों से बँधी
फिर बच्चों से
फिर पुराने हुक्के
खौलती हाँड़ी
लौहे कीछड़

माँ की स्मृति
गाय के थन
परात के आटे
'बहनों' की बात से!
पहले 'यमराज' की खटाऊँ को
छाती से लगाया
फिर चौखट की मिट्टी
और गले पड़े अंगारों को!
उसे नहीं जाना
बहनों के संग,
न काटनी कोई पतंगरंग-बिरंगी।
वह अच्छी है, बहुत अच्छी
उसका सर्वस रबड़ की चप्पल,
पीतल की अँगूठी,
काँच की चूड़ियां
और गूदड़ का पहाड़

सुनीता जैन

पीढ़ी

दादी के माथे पर
कंघी करते ही
खिल आते थे
दो फूल बालों के
उजली धुनी कपास से

बाकी के चिकने गहरे अधपके
झूलते थे चोटी में
कमर के नीचे
चोटी कभी मां करती
कभी कोई अन्य महिला घर की
दादी बैठी रहती पैर फैलाए
नियमित सिर की मालिश करवाती

उनकी चोटी में जितने बाल थे
उतने उलाहने थे उनके मुंह में
झिड़किती वे हमें दुपट्टा न ओढ़ने पे
झींकती पिता के देर से घर आने पे
नमक छिड़कती मां की अनगिनत
भूलों पे

पोतों के देखते ही किन्तु
खिल उठता था उनका पोपला मुंह
कटे अनार सा

अरे इधर आ तो
तेरे लिए रखा है

चूरमा...पेड़ा...गाजर का हलवा'

उस समय बिना सोने की सीढ़ी चढ़े भी
दादी होती सातवें
आसमान में

दादी की उम्र तक आते आते
कटवा दिए मां ने अपने उजले बाल
कोई नहीं था उनकी चोटी करने
और मां के हाथ अब
मुड़ते नहीं थे कमर के पीछे

मां के मुंह में नहीं थे दादी के उलाहने
वे देती रहती थी घरेलू टोटके
स्वेटरों के डिजाईन
कभी कभार मशविरे

मां की उम्र तक आते आते
हमारे बाल नहीं हैं
चिकने और उजले
झड़ गए हैं काफी
स्टाइलिंग और रंगने से
हमारे माथे पर खिलते नहीं वो फूल
ताजी धुनी कपास के

हमारे पास उलाहने नहीं हैं
न ही मां के टोटके
हम बैठी हैं चुप और खाली
अपने अपने घरों में।

वे आती थीं

बेटियों की कठिनाई कुछ यों भी थी
कि वे देख नहीं सकती थीं
बूढ़ी अकेली मां के पास
सौदे सुलफे का न होना
बिजली का बिल चुक न पाना
कपड़ों का जर्जर होते जाना

वे आती थीं चाहे जैसे
कभी कभार छुप छुपा के
कभी दो चार दिन में
कभी छटे महीने

वे बनवा देती मां के
टूटे दांत
और त्यौहारों से पहले
झड़वा देती घर के जाले

समझाती मां को
कि वह दुख न करे
यह तो होता है हर घर में
बेटियां आंसू पोड़ लेती थीं अपने
चुपके से लौटते समय
कहतीं थीं मन ही मन
'मॉरी, तू मर क्यों नहीं जाती
काहे को बैठ है–
क्या पाना बाकी तुझे
सिवा अपमान के...'

ऊपर से कहतीं वे हंस के,
दवा ले लेना समय पे
आऊंगी जल्दी ही में
कालेज की छुट्टियां होते...

तीसरी चिट्ठी

हम तभी तभी युवा हुए थे
और तभी तभी युवा हुए
अन्य बहुत से युवाओं सा
तुरत फुरत प्यार करने को
आतुर थे

हमने एक दूसरे को देखते ही
पहचाना। हम हंसे और हमें
आया बहुत सा रोना

हम ने जागना शुरू किया
रात में लिखी कविता
गाया सहगल या मन्ना डे का गाना

हमने पत्र लिखे। छुप छुपकर
पढ़े। सहेली के घर जाकर
बड़ी बातें की। सपने गढ़े

एक छोटा घर
दो अदद बच्चे
सुबह टिफन में गर्म खाना

और रात को अंक समोने के
ख्याली सिलसिले में
निकल गए दो वर्ष
शायद तीन

तभी तभी बहुत से युवा हुए
अन्य युवाओं सा
हमारा वह प्रेम बिना तराशे हीरे सा था
अपने भीतर सब मूल्य समेटे
हमारा विवाह नहीं हुआ
हुआ औरों की इच्छा वश
किसी तीसरे से
हमने भी घर छोड़ने से पहले
जला दिए मोटे उपहार
जन्म दिवस के–
सारे पत्र व गीतों की कापी
बचा लिया एक शेफर पेन
तिनके सा
अतीत में डूबने

फिर हम रहे सहमें कई वर्ष तक
अपने दुख और बात खुलने के
डर से डरे। इसीलिए

सेवा की दुगने उत्साह से बूढ़े सुसर
और जीवन संगो की
कहाए आदर्श दम्पत्ति
बनाया जब दिल्ली सस्ती थी

एक महान लाए फियट गाड़ी
फिर अपनी जब नौकरी लगी
जोड़ी थोड़ी धनराशी
बेटी की शादी की
लड़के को करवाई डाक्टरी

इन चालीस बरस में
उसकी आई कुल तीन चिट्ठी:
पहली : जब उसे पैसे की जरूतर थी
दूसरी : जब उसे पैसे की जरूरत थी
तीसरी : जब उसे पैसे की जरूरत थी

उसकी झेंप और जरूरत सच ही
हर बार बड़ी थी
मैं ही कुछ लज्जित कुछ छोटी

राजी सेठ

मैं स्त्री हूं-I/उड़ान उड़ गई तो

न गिने कभी पेड़ों के पत्ते
न छपछपाए पानी में पैर
न खेली कभी गुड़िया
न रचे गुड़ियों के ब्याह
न न्यौते बराती
न जिए सपनों के दिन
सजीले
सगुण

जानती नहीं थी
आने वाले दिन
होंगे इतने नंगे, निर्गुण
एक तस्वीर नंगे, निर्गुण
एक तस्वीर भी बनाना चाहेगी
तो नहीं बन पाएगी
उड़ान उड़ गई तो ठूंठ रह जाएगी
काठ ही काठ
देह ही देह

सोते समय
पैरों से कीच धोते लगेगा
पैर ही धो रही है
पांच ही अंगुलियां
पांच नखों वाली
पांच पंखों वाली नहीं

मैं स्त्री हूं-II

जानती हूं
मुझे बहुत सा गुस्सा सहना पड़ा था
जो वस्तुतः मेरे लिए नहीं था

बहुत सा अपमान
जिसे मुझं पर थूकता हुआ इंसान
हिंसा में पगलाए होने के बावजूद
पिच्च पिचकारी को
मुझ पर नहीं कही और फेंकना चाहता था

यह तो संयोग था कि मैं सामने थी
पर मैं भी कहां मैं थी

मुझे तो कल ही उसने चूमा था
हांफते
पराजित योद्धा की तरह थककर
मेरे वक्ष पर आन गिरा था
    फुसफुसाया था—
        तुम जो हो
        मेरी धारयित्री
        मेरा परित्राण
        मेरी गत-आगत कथा

मैं स्त्री हूं-III

पिता को कह नहीं पाई थी मैं स्त्री हूं
पिता ने मुझे दुहिता माना

एक नग शुचिता वाला
शुचिता स्त्रीत्व के दूरेपन को काट देती है
सम्बन्धों के वस्त्र उतरते जाते हैं
स्त्रीपन की एक अखंड लम्बाई भीतर लेटी रहती है

चौहद्दियों में बंद पिता मजबूर थे
उन्होंने बस इतना देखा
        बस इतना चाहा
        बस इतना ही समझाया
तब से अपराधी की तरह फेंकते हुए वस्त्र पिछवाड़े
डरते डरते आजीवन
    छुआ गया
    अपना ही पूरापन

पिता भी क्या जानते नहीं होंगे
एक समय था—
कुटुंब तो कहीं था ही नहीं
न कोई स्वामी, न स्वामित्व
शुद्ध बुद्ध ऊर्जा थी
आद्य स्त्री एक
आद्य पुरुष-आमने-सामने
उन्मुख
आंदोलित
प्रचंड

वे जरूर डाकू थे

पर वे नहीं थे हथियारबंद
न चेहरों पर नकाब

न घोड़ों पर सवार
न आंखों के डोरे लाल
न सिर पर खून सवार
न साथ कोई गिरोह
न रोबीला उसके दार सरदार

पर वे जरूर थे अंदरूनी जानकार
चोर दरवाजे से घुसे
उचार टकटकियों में गीली रातें लपेटते
रखा था
जितना थोड़ा सा कुछ
उसे लूटकर ले गए
छितरा दिया रेशा रेशा
स्वत्व

इंदु जैन

यह लड़की

गणित पढ़ती है ये लड़की
हिंदी में विवाद करती
अंग्रेजी में लिखती है
मुस्कराती है
जब भी मिलती है
गलत बातों पर
तन कर अड़ती
खुला दिमाग़ लिए
ज़िंदगी से निकलती है ये लड़की।

अगर कल किसी ने कहा—
धोखा दिया इसे ज़िंदगी ने
नहीं मानूंगी
क्यों खाया इसने धोखा
और सच्चाई का ये फल पाया?
तलाश में निकलूंगी
उस झूठ की
इसे साथ लेकर,
—रोने नहीं दूंगी।
क्रोध एक ताक़त है
उसे खोने नहीं दूंगी
मुट्ठी में लेता है जो फूल समझकर
डंक लगता है उसे
तो पहला उसका अपना दृष्टि-दोष
तब छद्म की चतुराई को

मुट्ठी की मसलन की सज़ा!

तेजस्विता एक पिंघली हुई रोशनी है
दूर तक जाती
खुद के साथ-साथ दूसरों को नहलाती
उस उजास
जिसमें दिन फूटता है
कली की तरह
बम की तरह फटता नहीं
जिसमें हालात
हावी नहीं
महज़ तयशुदा भावी नहीं
गीली मिट्टी से
रौंदे संवारे सुथराए जा सकते हैं।
तेजस्विता अगर चाक नहीं
तो मूर्ति का आभामंडल है
सुंदर और निष्प्राण
जीते जागते इंसान के सिर पर कसा शिकंजा
इतिहास उस वक्त
बिजली के झटके लगाता
कुंद करता
निष्प्रभ बनाता यंत्र-मात्र रह जाता है।

ये लड़की
हालात को हादसे बनने नहीं देगी
उम्मीद को बंजर ज़मीन पर
नहीं छिटकाया है मैंने
कितनी ही नहीं भी तो है लड़कियां
नज़र से चुना है इसे
दृष्टि-दोष होगा नहीं

होगा तो मानूंगी
धोखे की दुहाई नहीं दूंगी
आंख को रोने नहीं दूंगी।

उदास लड़की

वह एक उदास लड़की
हंसती है उदासी छलकाती हुई
पनपे बीज को
पानी के लिए तरसाती हुई
औरों पर मुनहसर
हवा से बचती
बचाती हुई
वह एक उदास लड़ी है
बहुत-सी उदास लड़कियों की क़तार में

ऊब की गंध पीती हुई
सब कुछ करती
अकर्मण्य
सपाट दीवार पर
दूसरे की बनाई तस्वीर सजाती हुई
हर आहट पर चौंकती हुई
बहरी बनी लड़की
सुनती नहीं अंदर बजता ढोल
बुरा लगता है शोर
कोई आता है तो
इस प्रतीक्षा में बातें करती है
कि कब जाए

और फिर अपनी उदासी में लौट आए
वह उदास लड़की
अख़बार उठा सके
एक पर्दे की तरह
अपने और अपने बीच

जब तक वह उदास रहती है
मशीन सुचारु चलती है
पानी का घूंट भरते ही
लड़खड़ाने लगते हैं पैर
बहक को रोक
खुश्क कर लेती है लड़ें
लौट पड़ती है
एकरस घटाटोप में
सुरक्षित संभली समझदार लड़की।

तेजी ग्रोवर

कविता

शोर इतना है जैसे समय घूर रहा हो,
वे भी मेज़ के पास नहीं हैं, या नामालूम हैं, मंडराते हैं,
उनकी किताबें खत्म हो गई हैं, वे हमारी ओर से देखते हैं, जब
कभी हमें रुलाते हैं, कहने को हमारे मृतक हैं।
इतने पुख़्ता कहां थे हम कि इस भ्रम के बिना रह सकते थे यहां।
फिर कोई शब्द कभी राव की तरह ख़ामोश हो उठता था, तब श्वेत
पर रख सकते थे उसे, सह सकते थे...समय की आंख में धूल का
एक कण, वह अचकचा क उस ओर देखने लगता था।
उस घूर से बहुत कांपते थे हम, कभी सहज नहीं रहते थे
हमारे अंग, जैसे पाठ की तहों में वे हो सकते थे,लेकिन वह
क्षण हमारे हिस्से में नहीं था।
उन्हें मरना नहीं आया था, जो कहने को अब नहीं थे।
वे इस कदर हमसे आस लगाए रहते थे कि हमें घूर
लगती थी। वे हर समय हमें पढ़ने की कोशिश में रहते थे,
और इतने अपढ़ थे हम कि उन्हें पढ़कर लिख नहीं सकते थे।
यह दूरी कभी धुलकर श्वेत भी हो जाया करती थी, और
हम उसे कुछ क्षण के लिए कविता कह लेते थे।

तेरे सपनों में थोड़े हूं

तेरे सपनों में थोड़े हूं पगली
मैं तो बैठा हूं
टाट पर
सजूगर
अचार भरी उंगलियां चाटता हुआ

मैं टाट पर थोड़े हूं पगली
झूलती खाट में
सो रहा हूं तेरे पास
इतना पास
कि तेरा पेट गुड़गुड़ाया
तो मैंने सोचा मेरा है

भोर तक यहीं हूं पगली
तू सांस छोड़ेगी
तो भींज उठेंगी मेरी कोंपलें
मेरी खुरदरी उंगलियां
नींद की रोई तेरी आंखों पर
कांप कांप जाएंगी
और तू
झपकी भर नहीं जगेगी रात में

मैं जा रहा हूं पगली
तेरे खुलने से पहले
उजास में घुल रही है मेरी आंख
छूना मटका तो मान लेना
मैं आया था
घोर अंधेरे तपते तीर की तरह आया था

रात भर प्यासा रहा

सच है, मैंने कहा, अब नहीं,
या फिर मुझे ठीक से पता नहीं है

मैं थक गई हूं चट्टान पर सोई हुई जहां
चिड़िया की परछाईं ढलान से

नीचे उड़ती है
दूब में कुछ दब सी गई है ओस की मायावी धूप—
टापों से बौराई इस घाटी में
पानी का सच्चा भ्रम है

कहीं ऐसा तो नहीं है
पलाश बहुत हो लिए अब पलाश जो सुर्ख पलाश है
होने के बिंब हैं कागज़ में

बकरियाँ पानी की ओर उड़ती हैं जो नाम का पानी है
प्रेयसियां सच में ढह रही हैं प्रेयसियों के स्वांग में—

और यह जो हिनहिनाहट है पशुओं का प्रेत हैं
जो अब भी ढोए जा रहे हैं
प्रेम के प्रेत इस चित्र में, यह चित्र भी चित्र ही है
कौन कह सकता है

इस कदर घायल हो गए थे कभी जो अंग थे हमारी बांहों के
वेणियां हया से टूटकर सरक जाती थीं
बीज जो कभी बीज थे कभी कभी उठ जाया करते थे घास के प्राचीन में
उस मोह की तरह मौन गए थे
जिसका घर अब नहीं के शब्द में दिखता था हमें पानी जगह
प्यास अब भी लगने लगती थी जैसे प्राण अभी बाकी हों

वह सवार था, वह श्वेत बर्फ़ के घोड़ों पर, वही नील के रंग का प्रेत
प्रेम की तरह वह अब भी ठीक उसी तरह
गिर सकता था

सच है, मैंने कहा, अब नहीं, या फिर मुझे ठीक से पता नहीं है

मैं नहीं थकता हूं, वह कहता है, या फिर कहता था, वहीं जहां सांझ
अब पत्थरों में सरक आई है।
एक ही सांस में खिंच गई हैं पीली शुआएं पहाड़ी की ओट में।
अभी उफक की लकीर सुर्ख़ हुई जाएगी, अभी अपने सियाह पंख
लगाए वे पक्षी भी तैर आएंगे दृश्य में।

वह खाट अब झूल गई है जिसमें वह कभी लेटा था।

सच में उड़ रही थी राख ही राख का रंग था सच में।
इसी बीच एक नेवला गया था और हम भूल गए थे शकुन दाएं से बाएं का
था या बाएं से दाएं का
फिर मैंने कहा था, या कह रही हूं, या तुमने मिलने पर कहने के स्वप्न में
तुमसे कहती हूं—

कौओे न होते यहां तो किससे पूछ सकती थी मैं, किससे कह सकते थे
तुम।
वे अदाकार हैं, वे सांझ में बुझे हुए पत्थर, वे सियाह पंख लगाए हुए
उफ़क की लकीर पर, वे पक्षी।
सिर्फ़ हमें ही भ्रम है कि हम सच हैं, यह दुख हमारा, यह हमारा
ही दुख है।

कमल कुमार

साथ-साथ

वन टू थ्री गो.....
के मुकाबले के लिए नहीं।
वे साथ चले थे
उनकी मंजिल एक थी
रास्ता भी वही था।
पर उसने उसे कभी
साथ नहीं चलने दिया।
वह दायें बायें, बायें दायें
क्रिस क्रांसिग करता चलता था।
वह चलता हुआ रुक जाता
फिर अचानक तेज चलने लगता।
उसने कई बार कोशिश की थी
वह उसके हाथ में हाथ लिए
कदम से कदम मिलाकर चले
पर ऐसा कभी नहीं हुआ।
वह एकाएक मुड़ता मुस्कराता
आओऽ बढ़ो आगेऽऽ
वह जैसे ही कदम बढ़ाती
वह अपनी उंठगी में उलझा देता
वह कई बार गिर चुकी थी,
वह रुकता। संभल के विद्रूप

मुस्कान से उसका
चेहरा उजासता रहता।
उसने कई बार सोचा था
वह वापिस लौट जाए
या यूँ ही घिसटती चले।
उसका विवेक जगा था
हर अगला कदम औरतों को
पिछले को ढहाकर उठाना होता है।
शॉर्टकट और पगडण्डियाँ
उनके लिए असुरक्षित होती हैं।
वह सोचती खड़ी है
वह भी रुक गया है
निश्चय के भाव से।
वह चलेगी यूँ ही
नहीं तो जाएगी कहाँ।
वह तलाशती खड़ी है राह
क्या है कोई राह
उसके साथ साथ चलने
और एक साथ पहुँचने की।

विस्थापित

पुल टूट गया है
बाढ़ से नहीं क्षरण से।
वह खुले सूटकेस के सामने खड़ा है
उसकी आँखों का लालच जाँच रहा है उसे
और क्या है जो ले जा रही हो?
घर या जमीन के कागज। गहने,
पिता की विरासत की कॉपी?

वह हतप्रभ था। अविश्वास से पथराया सा
क्या ले जा रही है वह! नहीं जान रहा।
दुर्गन्ध में डूबी घर की सुगन्ध
त्रास में डूबी स्मृतियाँ! धुँआ और पाखण्ड
सामंती क्रूरता के आत्मा पर पड़े घावों के
भरे अनभरे निशान।

गोदी में सिमटे सुकड़े बच्चे का अनिश्चित भविष्य
तहस-नहस घोंसले के तिनके और घर की
रोशनी से चुनी हुई कुछ टिमकनें
लोरियों और गीतों की पिघली लय।
घर के हर कोने में, दीवारों, दरवाजों खिड़कियों में
सिमटा इतिहास।
बसने और उजड़ने के अन्तरालों की चुप्पियाँ।
मिले न मिले फिर यह संजोग
पिघलते अपरिचय के बीच
समेटा था जल्दी ही अपनी नजर को
और अपने को भी औरत ने।
तलाशी के लिए कुछ नहीं तो,
रुखसत होती है।
वह अब ग्रीन चैनल से निकल सकती है
सब चुप और शान्त है।
देश मना रहा है विस्थापितों के लिए
एक विशेष दिन। उनकी पीड़ा से जुड़ा।
बाढ़, भूकम्प, सूखे, दंगों और युद्धों के बिना भी
स्त्रियाँ होती हैं विस्थापित
कहीं दर्ज नहीं होता उनका नाम
न लगते हैं कैम्प, न राशन
पानी, न डाक्टरी सुविधा/

झेलती है औरतें बेदखल होने की पीड़ा
घरों के भीतर और बाहर।

मेरा प्रणाम लो, जाओ पिता

यह अध्याय यहाँ खत्म हुआ
समेटे हुए अनगिनत पंक्तियां
पन्नों, खण्डों और सर्गों के साथ
महाकाव्य थे तुम, पिता।

पतझड़ के सूखे पत्तों को
क्षय होना ही है
पर कहाँ है क्षय
क्रमशः है। नये होने की प्रक्रिया में
अक्षय जीवन का रहस्य
ऋतुओं के आगमन और
जीवन की अद्‌भुत निरन्तरता में।

सूखे पत्तों की बिसात बिछी है
समय के शून्य से शुरू करेंगे यात्रा
नये रिश्तों, नये सम्बन्धों और
नये सरोकारों के साथ।
एक नई भाषा, नई लिपि
और नये व्याकरण में।

अभी खत्म कहाँ हुआ
मेरा भी समय तुम्हारे साथ
बीते अधबीते सोपानों में जिन्दा है
समय का घूमता पहिया है

धूलकण सी चिपकी
घूम रही हूँ उसकी गति के साथ।

सूरज डूब रहा है
धुँधलका उतर रहा है
पृथ्वी पर अदृश्य होते दिन सी
तुम्हारी आँखें झेंप गई हैं
खामोश पृथ्वी पर सोया एक पत्ता
अभी तिरा था लटका था जो टहनी पर
एक घटना था उसका गिरना
जिए गये जीवन का सबूत।

नहीं रीता चैतन्य तुम्हारी पार्थिवता में
योगनिद्रा में सोया हो जैसे कोई योगी
असीम स्वप्न में। रहस्यमय गहराइयों में
हलचल के बाद। एक विराम, अल्प विराम!

बंधन खोलकर लिटाया गया था
चिता की सेज पर।
फल-फूल अन्न जल और
हवन सामग्री के साथ
घर के पुरुष रख रहे थे
एक एक लकड़ी अगल बगल

उन्होंने रोका था। नहीं तुम नहीं
लड़कियाँ नहीं करतीं यह सब
दुबारा हाथ उठा तो पण्डितों की बिरादरी थी
यहाँ नहीं यह सब। बरजा था

होने दो सब धर्म कर्म विधिवत्
मत डालो बाधा। बाधा?

हँसी के साथ अदृश्य ध्वनि थी
डर गई। लाओ दो मुझे समिधा।
वही अभेदक उत्प्रेरक आवाज थी।
अंतिम यात्रा में साथ गई थी
फूलों के कलश थामे।
मंत्रों की ध्वनि और पूजा अर्चना के बाद
कंखल का तीव्र प्रवाह बहा ले गया
आखिरी अवशेष।

पंचतत्व समाहित हुए महापंचतत्व में
और आत्मा का प्रकाश प्रकाशरूप ब्रह्म में
बंद कर कुलपण्डित की मोटी बही के पन्नों में तुम्हें
लौट आई हूँ।
रहोगे तुम उद्भाषित हमारे बीच
अपने सूक्ष्म शरीर के साथ
अपने सत्कर्मों के नक्षत्रों से
दिशा-निर्देश देते हुए।

अपनी छोटी-छोटी ऊँचाइयों और
उपलब्धियों के बीच
धीरे-धीरे बन जाओगे मिथ
साधारण आदमी की असाधारण कहानी
दोहराई जाएगी जब अनेकों बार।

समय की उंगलियों ने सरका दिया है
हरियाली को किनारों पर

सूखी पत्तियों की मर्मर में
प्रतिध्वनित है नये जीवन का संगीत
कोपलों से पत्तों, फूलों और फलों में
मेटाफॉरसिस एक लीला है.... अहं ब्रहम्मास्मि।

नयी कोपलों में फूटा है तुम्हारा आलोक
बसंत करता है ध्वजारोहण
मेरा प्रणाम लो। जाओ पिता।
निमित्त हैं हम। कहा था तुमने
कार्यकारण श्रृंखला की एक कड़ी में।

गगन गिल

एक दिन लौटेगी लड़की

एक दिन लौटेगी लड़की
हथेली पर जीभ लेकर
हाथ होगा उसका लहू से लथपथ
मुंह से टपका लहू कपड़ों में सूखा हुआ

फिर धीरे-धीरे मुंह उसका आदी हो जाएगा
कपड़ों के खुशनुमा रंग उसके चेहरे पर लौटेंगे
सोचेगी नहीं वह भूलकर भी
अपनी हथेली के बारे, जीभ के बारे में

क्योंकि लड़की कुछ नहीं सोचेगी
और इस तरह दहशत से परे होगी
या कहें कि दहशत के बीचोंबीच
लड़की में कुछ नहीं कांपेगा
ऐसा कुछ भी नहीं, जिसे धड़कता हुआ कह सकें।

सिर्फ कभी-कभी उसमें
एक सपना धड़केगा
या सपने में लड़की

उस कभी-कभार वाले दिन लड़की निकलेगी
सपने की नाल से अलग लिथड़ी देह लेकर
उस दिन से बहुत दिनों दूर
हथेली पर जीभ खींच लाए

उस दिन से बहुत दिनों दूर
सपने में लड़की झांकेगी
अंधे कुएं में
भीतर होगी जिसके अंधी एक और लड़की
आंखें जिसकी देखेंगी जिसे भी
अंधा कर देंगी...

लड़की सोचेगी—
जो हिस्सा अंधा होना था, हो गया
जो चुप होना था, वह हो गया
जो लाचार होना था, वह भी हो गया
फिर अब भला वह क्या करती है
अंधे कुएं में बैठी?

वह यह सब सोचेगी लेकिन सिर्फ़ सपने में
दिखने में तो बाहर से वह खुशमिजाज़ होगी
मुंह उसका जुबान बिना आदी
आंखें उसकी दृश्यों से दूर
रंग उसके चेहरे में गड्डमड्ड

जुबान के बारे में वह कभी नहीं सोचेगी
भूलकर भी नहीं
न जुबान के बारे में
न हथेली के बारे में
न होठों के बारे में

तुम कहोगी, रात

तुम कहोगे, रात
और रात हो जाएगी

तुम कहोगे, दिन
और धुल जाएगा दिन

तुम कहोगे, रंग
और उड़ती चली आएंगी
तितलियां पृथ्वी-भर की

तुम सोचोगे, प्रेम
और दिगंत खोल देगा
एक इंद्र-धनुष गुप्त

तुम होगे संतप्त
और जल जाएगी
उसकी त्वचा
दूसरे शहर में

तुम कहोगे, रात
और झरती चली जाएगी स्मृति

तुम कहोगे, दिन
और रिक्त हो जाएगी पृथ्वी

तुम रहोगे, चुप
और चटक जाएंगी
शिलाएं चंद्रमा तक

तुम करोगे, अदेखा
और वह जा फंसेगी
अदृश्या
हवा के कंठ में

तुम कहोगे, रात
और बनने लगेगा
आप-ही-आप
रेत में एक घर

तुम कहोगे, दिन
और उघड़ जाएगी यह देह
जरा की
कुतरी हुई

जया जादवानी

यह सबसे कठिन समय नहीं

नहीं, यह सबसे कठिन समय नहीं!
अभी भी दबा है चिड़िया की
चोंच में तिनका
और वह उड़ने की तैयारी में है!
अभी भी झरती हुई पत्ती
थामने को बैठा है हाथ एक
अभी भी भीड़ है स्टेशन पर
अभी भी एक रेलगाड़ी जाती है
गंतव्य तक
जहाँ कोई कर रहा होगा प्रतीक्षा
अभी भी कहता है कोई किसी को
जल्दी आ जाओ कि अब
सूरज डूबने का वक्त हो गया
अभी कहा जाता है
उस कथा का आखिरी हिस्सा
जो बूढ़ी नानी सुना रही सदियों से
दुनिया के तमाम बच्चों को
अभी आती है एक बस
अंतरिक्ष के पार की दुनिया से
लाएगी बचे हुए लोगों की खबर!
नहीं, यह सबसे कठिन समय नहीं।

हिन्दी का हालचाल

(नब्बे के बाद)

शुभा

नरक का द्वार

नरक का द्वार
जिसे बन्द किया था
महापुरुषों ने
शास्त्रों, पुराणों मोक्ष
और ब्रह्मचर्य से
खुला है
महापुरुषों ने बार-बार आग्रह किया था
इसे न छुएँ

अब यह खुला है
सिर्फ खुला नहीं
नरक बाहर आ रहा है

पत्थरों की तरह
ढुलकते हैं
शास्त्र और पुराण

आप्त वचन छिलकों की तरह
उड़ उड़ कर धूल में गिरते हैं
न्याय का मृत मुखौड़ा
गिर पड़ता है मिट्टी में।

हमें जल्दी है

जो निजी परिवारों में होता था
वह हो रहा है अब
निजी एलबमों में
कभी-कभी लगता है
सब पुराना ही है
बस उसका प्रदर्शन नया है

अब पता लगता है
खून-खराबे में हमारा यक़ीन
पहले भी था

बलात्कार के शास्त्र
हमने ही रचे थे
हमने ही बनाया निरंकुशों को
ईश्वर
और फिर उसी ईश्वर की तरह
अंधा विज्ञान भी हमने ही बनाया

अब हट चुका है
सभ्यता के चेहरे से हर पर्चा
नागरिक मनुष्य
जैसे हमने देखा था
सपने में

हमारे जेल और हमारे शिक्षा संस्था
हमारे घर और हमारे क़त्लगाह

हमारे न्यायालय और हमारे चकले
खड़े हैं एक ही क़तार में

इस दृश्य को समझने में
बाधा डालते हैं हम ही

हम अकेले ही पहुंचना चाहते हैं
किसी स्वर्ग में
उन सभी को छोड़ते हुए
जिन्हें हम मित्र आदि कहते थे

ग़रीब-गुरबा की कौन कहे
हम अपनी आत्मा भी छोड़कर
स्वर्ग जाना चाहते हैं।

गौरवमयी संस्कृति

बलात्कारी न भी भाग चुका हो तो भी
कैमरा फिक्स है रोती हुई औरत पर

यह हमारा प्रिय सांस्कृतिक चित्र है
प्रिय स्मृतियों का स्रोत

हमने अपनी-अपनी बहनों को
रक्षा का वचन दिया था
अपनी-अपनी स्त्रियों को
उनकी लाज बचाने का

यह स्त्री तो परित्यक्ता है
और पता नहीं किसकी बहन है
फिर भी
रोती हुई स्त्री हमें याद दिलाती है
हम स्त्रियों के रक्षक रहे हैं
जिन बहनों ने आत्महत्या की
वे भी यही मानती थीं

हमने ही लिखे हैं
स्त्रियों के विरह गीत
खण्डिताओं और पतिकाओ के चित्र
कितने मनमोहक!

और कितनी मानवीय हैं
हमारी कविताएं
जिनमें हम स्त्रियों की असुरक्षा
बताते हैं

युद्धों के बीच
पिता और पुत्रों के लिए विलाप करती स्त्रियाँ
कैसी नदी बहाती हैं करुण रस की
हमें आदत है इसमें स्नान करने की

हमारी भुजाएँ जब फड़कती हैं
वीर रस के ज्वालामुखी फूटते हैं
और स्त्रियाँ करुण रस की
आलम्बन बनती हैं

कैसी गौरवमयी संस्कृति है
स्त्रियों की ममता
और हमारे हथियार
कैसा महान आख्यान बनाते हैं!

स्त्रियों के आँसू हमें उसी तरह प्रिय हैं
जैसे अपनी वीरता और अपना पौरुष।

मैं हूँ एक स्त्री

मैं हूँ एक स्त्री
कौन कह सकता है मैं शर-विद्या सीखना चाहती हूँ

मैं उस धूर्त और दयनीय ब्राह्मण द्रोणाचार्य की मूर्ति भी नहीं बना सकती
क्योंकि वह पर पुरुष है

मैं एकलव्य नहीं बन सकती
मेरा अंगूठा है मेरे पति का

मैं शम्बूक भी नहीं बन सकती
क्योंकि मुझे एक बलात्कारी से गर्भ धारण करना है

एकलव्य और शम्बूक मैं तुम्हारे एकान्त से
ईर्ष्या करती हूँ
क्योंकि मैं एक स्त्री हूँ और ब्राह्मणों की दुनिया
भंग करना चाहती हूँ

एक समय था

अपनी भाषा सब पर थी
चिड़ियाएं और चींटियां बोलती थीं
घोड़े और बैल हमारी भाषा समझते थे
अब्बू खाँ की बकरी ने जो बातें कीं अपने बकरे से
वो बातें पहाड़ी चश्मे ने सुनीं

जब पण्डित संसार को मोह–माया बता रहे थे
जब शूद्र और स्त्रियों के लिए वर्जित थी संस्कृत
तब वे किसी और भाषा में
बात करते थे अपनी दुनिया में

कव्वे और गीदड़
कुत्ते और लोमड़ियाँ भी समझते थे
वो भाषा
केवल पण्डित उसे नहीं जानते थे

हम बोलती हैं

हमें पसन्द है संघर्षों की एकरसता
हम फिर कहने जा रही हैं वही बात
जिसे सौ बार कह चुकी हैं

अर्थशास्त्रियों उठाओ अपने आंकड़े
सिद्धान्तकारों क्या लिखते हो तुम?

प्रतिरोध सजावट की कोई तकनीक नहीं
इसमें टूटती है सदियों की प्रिय चीजें

इस दर्द को उठाते हुए हम कहती हैं
बौद्धिकता और मौलिकता एक विलास है

हम बोलती हैं एक टूटी-फूटी भाषा
और तुम्हारी प्रभावशाली भाषा ध्वस्त हो जाती है
ये नहीं सहन कर पाती हमारे दुखों का बोझ

हमारी बोली उठती है
झूठ को भेदने वाली नोक की तरह
इसमें चमकते हैं हमारे अधबने विचार
पूरे बने विचारों की दुनिया कांपती है

हमने नहीं बनाई किसी युद्ध की योजना
हमने नहीं बनाया कोई हथियार
हमने नहीं रचे अपराध-तन्त्र
तुम्हारी ये राष्ट्रवादी सैन्यवादी भाषा
हमारे किस काम आ सकती है?

तुम्हारी वीरता
तुम्हारा ज्ञान
तुम्हारी महान परम्पराएं
सब कुचलने का अस्त्र हैं

हार-जीत, महान और नगण्य
जनता और लीडर
हम नहीं समझतीं इसका मतलब

शिशु भी सिखाता है हमें एक भाषा
जिसे हम अपने शब्दों में कहती हैं

कितनी बार तुम अपहरण करते हो
इस भाषा का
अपनी भ्रष्ट भाषा में कुछ
नयापन दिखाने के लालच से

हम न हों सारी जनता
मान लो हम हैं दो
तो हम दो ने जो बात कही
क्या वह सारहीन हो जाएगी
क्योंकि उसे दो करोड़ ने नहीं कहा

जो अक्सर बात करते हैं दो करोड़ की
हम दो से बात नहीं करते।

कात्यायनी

सिंहावलोकन

चीजों के बारे में
हम सोचते थे और
बातचीत और बहस करते थे अकसर ही,
और कभी-कभी
हठ और बचकानेपन के साथ भी।

कठिन समय में
हमने निराश होने का साहस किया
और उसे प्रकट करने का भी।
हां, सोचते रहे फिर भी
और तर्क भी करते रहे।

फिर पाया कि
निराश बनी नहीं रही,
न मृत्यु तक ले गई न राजधानी तक।
वह महज एक झटका था
जहां से सोचने की पटरी
बदलती थी।
फिर निराश भी
एक अच्छी याद बन गई
और आशाएं थीं
कभी कंदील की तरह तो कभी दूर
पहाड़ों पर दिखती
जंगलों में लगी आग की तरह।
निराशा थी

सुबह घास पर ओस की तरह
जिसे उड़ जाना था जल्दी ही
या भोर के तारे की तरह
जिसे बुझ जाना था
लोगों के जागने
और सूरज के उगने के साथ-साथ।

ज़िन्दगी की क्रूरताओं पर
हरदम क्रुद्ध
हमारे ही कुछ साथी थे—
हरदम भावाकुल,
दोस्ती और क्रांति की
हरदम बातें करते हुए,
हरदम की उम्मीदों से लबरेज़,
हरदम फैसलों पर
पहले से ही पहुंचे हुए
या फिर जल्दी-से-जल्दी पहुंच जाते हुए।

कठिन समय तो आया था
सबके ही लिए।
हमारे उन साथियों ने
न निराश होने का साहस किया
न ही कुछ सोचा।
सामने पर्वत से तने समय को
चुनौती देते वे बढ़े घाटियों की ओर
और ओझल हो गए।
कुछ दिनों तक उनमें से कुछ की
खोज-खबर तक नहीं मिली।
कुछ के पत्र मिलते रहे
कभी-कभार,

कुछ भी न कहते हुए।
बहुत दिनों बाद
वे सभी राजधानी में और उसके आसपास के
उपनगरों में दीखे
हर चीज़ पर शक़ करते हुए,
हर चीज़ पर फिर से सोचते हुए,
सीखने के लिए
शैतान का
जिज्ञासु शिष्य बनने को तैयार,
एक नई भाषा गढ़ते हुए
और उम्मीदों की तुलना
सुबह घास पर पड़ी ओस से
या भोर के तारे से करते हुए।

मुख़्तसर-सी कुछ बातें

हम अपने बच्चों को
बताएंगे अपने बारे में
मुख़्तसर-सी कुछ बातें
जैसे कि हम सागर के होकर रहे।
समुद्री नक़्शों की झूठी गवाहियों
के बावजूद
हम सागर के होकर रहे।

...जैसे कि हम सिर्फ
सागर के ही नहीं होकर रहे।
हम पर्वतों के होकर रहे।
तमाम खड्डों-खाइयों, अप्रत्याशित तूफ़ानों
और अनुभवी पर्वतारोहियों की

चेतावनियों के बावजूद
हम पर्वतों के होकर रहे।

...जैसे कि हम सिर्फ
सागर और पर्वतों के ही नहीं,
हवा के भी होकर रहे
साजिशाना खुसफुसाहटों के खतरों,
भटकाने वाली गंधों
और अवश करने वाली यादों के बावजूद
हम हवा के होकर रहे।

...जैसे कि हम पानी के होकर रहे।
तमाम ठोसपन,
तरल होने से पैदा होने वाली शर्मिंदगी
और तमाम आशंकाओं के बावजूद
हम पानी के होकर रहे।

...जैसे कि हम ज़िंदगी के होकर रहे।
रोजमर्रे की तमाम मनहूसियत,
तमाम टुच्चइयों
और क्लर्क न होने का दावा करने वाले
क्लर्कों के बीच
ज़िंदगी का एक अच्छा-खासा हिस्सा
जीने के बावजूद
हम ज़िंदगी के होकर रहे।

...जैसे कि हम प्यार और युद्ध के होकर रहे।
बावजूद तमाम बेवफाइयों और मन में
कभी-कभी उठते भय की
शर्मिंदगी भरी कौंध के,

बावजूद कुछ स्वार्थीपन, कुछ लापरवाहियों
और कभी-कभार के ठंडेपन के,
हम प्यार और युद्ध के होकर रहे।

...जैसे कि तमाम शोकगीतों की नसीहतों
और खुद के ढल जाने के अवसाद
या रो पड़ने के खतरों के बावजूद
या दुर्दिनों के बावजूद
हम शामों की खुशगवारी और
दोस्तमिजाज़ी के होकर रहे।

...जैसे कि सस्ती जुमलेबाजी और
घिसे-पिटे उपमाओं, रुपकों-बिंबों के
दुहराव के ख़तरों के बावजूद
हम फूटती सुबहों के होकर रहे।

और हां, अंत में एक राज की बात यह कि
हम कई-कई बार तनहाइयों, दुखों,
आवारगी, ऐंठ, इंतजार, काई, धुंध,
घास, राख,
शिकायतों, भुनभुनाहटों, संदेहों, छायाओं,
संग्रहालयों, घुटी हुई चीखों,
अनैतिक चाहतों
और खुद को यूं मिटा देने की
ख़ब्ती ख्वाहिशों के भी होकर रहे
क्योंकि हम ज़िंदा थे
और इसी दुनिया में रहते थे
और इसे बदल डालना चाहते थे
तहे दिल से।
और यह मुख़्तसर-सी बात

हम अपने बच्चों को ज़रूर बताएंगे
कि इस मायने में हम
पूरे तो नहीं, मगर
तक़रीबन पचहत्तर फीसदी ईमानदार रहे।

प्रार्थना

प्रभु!
मुझे गौरवान्वित होने के लिए
सच बोलने का मौका दो,
परोपकार करने का
स्वर्णिम अवसर दो प्रभु मुझे।
भोजन दो प्रभु, ताकि मैं
तुम्हारी भक्ति करने के लिए
जीवित रह सकूं।
मेरे दरवाजे पर थोड़े से गरीबों को
भेज दो,
मैं भूखों को भोजन कराना चाहता हूं।
प्रभु, मुझे दान करने के लिए
सोने की गिन्नियां दो।
प्रभु, मुझे वफादार पत्नी, आज्ञाकारी पुत्र
लायक भाई और शरीफ पड़ोसी दो।
प्रभु, मुझे इकलोक में
सुखी जीवन दो ताकि बुढ़ापे में
परलोक की चिन्ता कर सकूं।
प्रभु,
मेरी आत्मा प्रायश्चित करने के लिए
तड़प रही है,

मुझे पाप करने के लिए
एक औरत दो!

नहीं हो सकता तेरा भला

बेवकूफ जाहिल औरत!
कैसे कोई करेगा तेरा भला?
अमृता शेरगिल का तूने
नाम तक नहीं सुना
बमुश्किल तमाम बस इतना ही
जान सकी हो कि
इंदिरा गांधी इस मुल्क की रानी थीं!
(फिर भी तो तुम्हारे भीतर कोई प्रेरणा का संचार नहीं होता)
रह गई तू निपट गंवार की गंवार।
पी.टी. उषा को तो जानती तक नहीं,
माग्ररेट अल्वा एक अजूबा हैं
तुम्हारे लिए।
'क ख ग घ' आता नहीं
'मानुषी' कैसे पढ़ेगी भला!
कैसे होगा तुम्हारा भला—
मैं तो परेशान हो उठता हूं!
आजिज आ गया हूं मैं तुमसे।
क्या करूं मैं तुम्हारा?
हे ईश्वर!
मुझे ऐसी औरत क्यों नहीं दी
जिसका कुछ तो भला किया जा सकता।
यह औरत तो बस भात रांध सकती है
और बच्चे जन सकती है
इसे भला कैसे मुक्त किया जा सकता है?

सात भाइयों के बीच चम्पा

सात भाइयों के बीच
चम्पा सयानी हुई।
बांस की टहली-सी लचक वाली,
बाप की छाती पर सांप-सी लोटती
सपनों में
काली छाया-सी डोलती
सात भाइयों के बीच
चम्पा सयानी हुई।

ओखल में धान के साथ
कूट दी गई
भूसी के साथ कूड़े पर
फेंक दी गई।
वहां अमरबेल बनकर उगी।
झरबेरी के सात कंटीले झाड़ों के बीच
चम्पा अमरबेल बन सयानी हुई।
फिर से घर आ धमकी।

सात भाइयों के बीच सयानी चम्पा
एक दिन घर की छत से
लटकती पाई गई।
तालाब में जलकुम्भी के जालों के बीच
दबा दी गई।
वहां एक नीलकमल उग आया।
जलकुम्भी के जालों से ऊपर उठकर
चम्पा फिर घर आ गई,

देवता पर चढ़ाई गई
मुरझाने पर मसलकर फेंक दी गई,
जलाई गई।
उसकी राख बिखेर दी गई
पूरे गांव में।

रात को बारिश हुई झमड़कर।
अगले ही दिन
हर दरवाजे के बाहर
नागफनी के बीहड़ घेरों के बीच
निर्भय-निस्संग चम्पा
मुस्कुराती पाई गई।

हाकी खेलती लड़कियां

आज शुक्रवार का दिन है
और इस छोटे से शहर की ये लड़कियां
खेल रही हैं हाकी।
खुश हैं लड़कियां
फिलहाल
खेल रही हैं हाकी।
कोई डर नहीं
बॉल के साथ दौड़ती हुई
हाथों में साधे स्टिक
वे हरी घास पर तैरती हैं,
चूल्हे की आंच से
मूसल की धमक से
दौड़ती हुई

बहुत
दूर
आ जाती है।
वहां इन्तजार कर रहे हैं
उन्हें देखने आए हुए वर पक्ष के लोग,
वहां अम्मा बैठी राह तकती हैं
कि बेटियां आएं तो
सन्तोषी माता की कथा सुनाएं
और
वे
अपना व्रत तोड़ें,
वहां बाबूजी प्रतीक्षा कर रहे हैं
दफ्तर से लौटकर
पकौड़ी और चाय की,
वहां भाई घूम-घूमकर लौट आ रहा है
चौराहे से
जहां खड़े हैं मुहल्ले के शोहदे
रोज की तरह
और इधर
लड़कियां हैं
कि
हाकी
खेल रही हैं।
लड़कियां
पेनाल्टी कार्नर मार रही हैं
लड़कियां पास दे रही हैं
लड़कियां 'गोऽल गोऽल' चिल्लाती हुई
बीच मैदान की ओर भाग रही हैं

लड़कियां एक-दूसरे पर ढह रही हैं
एक-दूसरे को चूम रही हैं
और
हंस रही हैं।
लड़कियां फाउल खेल रही हैं
लड़कियों को चेतावनी दी जा रही है
और वे हंस रही हैं
कि
यह जिन्दगी नहीं है
—इस बात से निश्चिन्त हैं लड़कियां
हंस रही हैं
रेफरी की चेतावनी पर।
लड़कियां बारिस के बाद की नम घास पर
फिसल रही हैं
और गिर रही हैं
और उठ रही हैं
वे लहरा रही हैं
चमक रही हैं
और मैदान के अलग-अलग कोनों में
रह-रहकर उमड़-घुमड़ रही हैं।
वे चीख रही हैं, सीटी मार रही हैं
और बिना रुके
भाग रही हैं
एक छोर से दूसरे छोर तक।
उनकी पुष्ट टांगें चमक रही हैं
नृत्य की लयबद्ध गति के साथ
और लड़कियां हैं कि
निर्दन्द्व
निश्चिन्त हैं

बिना यह सोचे कि
मुंह दिखाई की रस्म करते समय
सास क्या सोचेगी।
इसी तरह खेलती रहती लड़कियां
        निस्संकोच-निर्भीक
दौड़ती-भागती और हंसती रहती
इसी तरह
और हम देखते रहते उन्हें।
पर शाम है कि होगी ही
रेफरी है कि बाज नहीं आएगा
        सीटी बजाने से
और स्टिक लटकाए हाथों में
एक भीषण जंग से निपटने की
तैयारी करती लड़कियां
        लौटेंगी घर।
अगर ऐसा न हो तो
समय रुक जाएगा
इन्द्र-मरुत-वरुण सब कुपित हो जाएंगे
वज्रपात हो जाएगा, चक्रवात आ जाएगा
घर पर बैठे
        देखने आए वर-पक्ष के लोग
पैर पटकते चले जाएंगे
बाबूजी घुस जाएंगे गरजते हुए मैदान में
भाई दौड़ता हुआ आएगा
और झोंटा पकड़कर
घसीट ले जाएगा
अम्मा कोसेगी—
'किस घड़ी में पैदा किया था

ऐसी कुलच्छनी बेटी!'
बाबूजी चीखेंगे—'सब तुम्हारा बिगाड़ा हुआ है।'
घर
        फिर
                एक अंधेरे में
                        डूब जाएगा
सब सो जाएंगे
लड़कियां घूरेंगी अंधेरे में
खटिया पर चित्त लेटी हुई
अम्मा की लम्बी सांसें सुनती
इन्तजार करती हुई
कि अभी वे आकर उनका सिर सहलाएंगी
सो जाएंगी लड़कियां
और
        सपने में
                दौड़ती हुई
                        बॉल के पीछे
स्टिक को साधे हुए हाथों में
पृथ्वी के
        छोर पर पहुंच जाएंगी
और
        'गोल-गोल' चिल्लाती हुई
एक-दूसरे को चूमती हुई
लिपटकर
        धरती पर
                गिर जाएंगी!

निर्मला गर्ग

सुबह के समुद्र जैसी

सांवली-सी स्त्री
तट की रेत खोद रही है
जलीय जंतुओं की तलाश में
बच्चा निकट खड़ा है शीशे की बोतल थामे
डालती जाएगी वह उसमें
केकड़ा घोंघे सीपियां

पुरुष जरा दूर जा चुका है
उधर चट्टानें हैं
वे दिन में नहीं दिखतीं
पानी का उछाल इतना होता है
ये चट्टान मूंगे की चट्टानों की तरह लगती हैं
इनमें अनगिनत छिद्र हैं
वह देखो वहां एक केकड़ा
चहलकदमी कर रहा है
एक घोंघा अपने घर में
आराम फरमा रहा है।

पुरुष के पास एक बड़े पेट वाली
थैली है
उलटे जाएंगे थैली बोतल
रेस्तरां वाले के यहां
इसी तरह चलता है परिवार का खाना-खर्चा

कुटुंब के पालक-सा शांत
कितना अलग है सुबह का यह समुद्र

दोपहर के हाथ-पैर पटकते
अनवरत गरजते समुद्र से

कभी किसी कविता में दिख जाती है
मेहनत और धैर्य से अर्जित
सुबह के समुद्र जैसी भाषा

चींटियां—एक

अभी-अभी तो यहीं थीं
मुझसे बातें कर रही थी
कहां बिला गई खुशी?

क्या उसके पंख उग आए
उड़ गई आसमान में
क्या उसे नींद आ गई
चींटियां ले गई बिलों में

चींटियां—दो

अनवरत श्रम करने वाली नन्हीं जीवो
दुनिया के बारे में तुम
क्या सोचती हो?

क्या सोचती हो तुम हमारे बारे में?
तब क्या तुम
उदास हो जाती हो

मेरी बहनें

मेरी बहनें मेरे लिए चिंतित रहती हैं
मैं पूजा-पाठ तो खैर करती ही नहीं
ईश्वर के बारे में भी मेरा मानना है कि
वह हमारी तरह कोई जीवित वस्तु नहीं है
वह गौरैया की तरह भी नहीं है
न ही घास की तरह

वह कुछ सोच नहीं सकता
उसे नहीं मालूम न्याय क्या होता है
अन्याय क्या और इनसे किसका वास्ता है

उसकी आखें नहीं होतीं
आततायी और मासूम में वह फर्क
नहीं कर पाता

वह एक जगह से दूसरी जगह नहीं जा सकता
न सौदा-सुलुफ ला सकता है
उसे बाजार के भाव पता नहीं

ताजे बहते पसीने की गंध कैसी होती है
वह नहीं जानता
रोटी से उठती हुई खुशबू भी उसे
आह्लादित नहीं करती

उसने न कभी बादलों का गीत सुना
न धरती का गुनागुनाना
सुनना क्या होता है वह कैसे जाने?

वह तो दरअसल हमारी ही कमजोरियों से बना है
हमारी अज्ञानताएं
हमारे अंतहीन लालच
और बात-बात पर हमारा डरना
इन्हीं ने बढ़ाया उसका हौसला

मेरी बहनें उसके आगे घुटने टेकती हैं
और प्रार्थना करती हैं
ईश्वर इसे क्षमा करना
यह नहीं जानती कि क्या कह रही है

मिसेज गुप्ता

मिसेज गुप्ता के पास खाली वक्त का
एक बड़ा थान है
रोज उसे खोलती हैं
दरवाजे तक बिछाती हैं
फिर एक-एक कदम धरती
पार करती हैं वर्षों
मिसेज गुप्ता को याद आता है
बचपन
हरसिंगार के फूल
शिव-पार्वती का मंदिर

मां ने राज मांगा बेटी के लिए
मां ने पाट मांगा बेटी के लिए
पूरी हुई मां की प्रार्थना
ऊंची भरी नौकरी में हैं मिस्टर गुप्ता

मिसेज गुप्ता ने क्या मांगा था?
मिसेज गुप्ता देखती हैं अपनी हथेलियां
कट रही हैं जगह-जगह
खाली वक्त की धार से

तब नहीं इतनी मुलायम थीं ये
जब एक मुकम्मल नाम हुआ करती थीं मिसेज गुप्ता
दिन-भर के कामों की छोटी-छोटी डोरियां थीं
जिन पर चढ़ा-उतरा करती थीं मिसेज गुप्ता

खाली वक्त के उस थान को
कैंची से काट देना चाहती हैं मिसेज गुप्ता
बना देना चाहती हैं छोटे-छोटे रुमाल
बांट आना चाहती हैं बस्ती की औरतों में

वाकई चाहती हैं मिसेज गुप्ता
आपका क्या खयाल है?

सितारा

कितने वर्षों से तुम अपने देश नहीं गईं सितारा?
बहुमंजिली इमारत की इस नौंवी मंजिल पर
बर्तन धोते
तुम्हारे कानों में कौन-सी ध्वनि गूंज रही है
तुम्हारे जन्म-स्थान खुलना के बीचोंबीच बहती
पद्मा
तुम्हारे चेहरे पर आकर ठहर गई है
नदी के किनारे उगे नारियल केले के वृक्ष
तुम्हारी आंखों में
अपने पूरे आकार में हिल रहे हैं

तुम्हारी आंखें कितनी कोमल हो आई हैं सितारा

तुम्हारा आदमी तुम्हें यहां छोड़कर देश चला गया
दूसरी शादी रचाने
सोने जागने में कोई पल तो होगा
जब तुम इस दंश से मुक्त हो पाती होगी
इमारत का माली तुम्हारी छोटी बेटी ज्योत्स्ना के हाथों में पानी की
नली थमा देता है
और वह खिलखिल करती इधर-उधर उड़ाती है
छींटे तुम्हारे मन पर भी तो पड़ते होंगे सितारा

साइकिल पर बिठाकर अस्पताल भी तो ले गया था
उस दिन
जब तुम पीठ पर निकले फोड़े से कराह रही थीं
अच्छे मनुष्यों से पृथ्वी कभी खाली नहीं रही है सितारा

तुम्हारा भाई तुम्हें मुलुक बुलाता है
तुम्हारी भी दूसरी शादी रचाएगा
पर चाहता है कि अपनी बेटियों को तुम यहीं छोड़ जाओ
मैं जानती हूं तुम ऐसा कभी नहीं करोगी
यहीं भौआपुर गांव की एक कोठरी में
अपनी बेटियों के साथ बसर करोगी
तीन घर गोवर्धन टावर में हैं एक मलयगिरि में
एक सुमेरू में
सुबह-शाम इनमें आते-जाते
एक दिन तुम्हारे बालों में सफेदी आ जाएगी सितारा

तुम्हारी बेटियां अपने अलग घोंसले बनाएंगी
कभी-कभी अपने बच्चों को लेकर

तुमसे मिलने आया करेंगी
तुम उनमें से किसी का नाम
उस नाम पर रखना चाहोगी जिससे तुम्हारे बाबा
तुम्हें पुकारते थे
पर फिर इरादा बदल दोगी

तुमने अतीत को कभी खुद पर
हावी नहीं होने दिया सितारा
बढ़ती हुई कर्मपथ पर अकुंठ
हममें से बहुत कम ऐसा कर पाते हैं

कमला बलान

कमला कहीं भी दीख जाती है
आते-जाते सड़कों पर या बस पकड़ते हुए
तीन नंबर स्टॉप पर
रात को बिस्तर पर भी महसूस होती है
उसकी उपस्थिति अकसर

कमला क्षीण मटमैले पानी वाली नदी है
गांव के पिछवाड़े बहती हुई
तट पर उसके मेला लगता था धूल भरा
सस्ती सूती साड़ियों में औरतें लड़कियां आती थीं
बैलगाड़ियों पर
पैदल
चढ़ाती थीं सेंदूर चूड़ी,
कोई बच्चा कोई मिरगी के रोग से पति का
छुटकारा मांगती थीं

मैं क्या मांगती थी अपनी सहेलियों के साथ
मुझे याद नहीं

कमला को अब तक याद है

वरुणा

झाड़ियां बड़ी हो गई हैं
सड़क से अब वरुणा का घर नहीं दिखता
वरुणा के बारे में सोचें तो कई चीजें याद आएंगी
जैसे बारिश के तुरंत बाद छाई
धुंध...

चीड़ की वह जड़ कैसे झूल रही है
रीढ़ चटक गई शायद तने की
छलांग रहा होगा घाटी में
पेड़ भी आखिर ऊबते ही हैं
उदास आवाज में वरुणा कहती है
फिर नीचे बहते बरसाती नाले के
बहाव में खो जाती है

ऐसी ही है वरुणा
मुझे याद आती है एक शाम
मेज पर रखे ग्लास को एकटक निहारती
हौले से सिहरती है वरुणा
खालीपन को छुआ जा सकता है
देखी जा सकती हैं उसकी गतिविधियां
कई कोणों से
क्या कर रही होगी वरुणा इस वक्त?
शायद धूप ढलान पर से उतर चुकी होगी

डायना

यह बार-बार साधारणता की ओर मुड़ती। बार-बार
उसे खास की तरफ ठेला जाता। उसके चारों ओर
पुरानी भव्य दीवारें थीं। उनमें कोई खिड़की नहीं थी
सिर्फ बुर्जियां थीं। वहां से झांकने पर सर चकराता था।
कमरों में बासीपन के अलावा और कई तरह की बू शामिल थी।
एक दिन यह सब लांघकर वह बाहर चली आई। हवा
और धूल की तरह सब ओर फैल गई

वह एक मुस्कुराहट थी टहनी और पत्ती समेत। सुबह का
धुला हुआ बरामदा थी। उसे प्रेम चाहिए था अपनी
कमजोरियों और कमियों के बावजूद। जैसी वह थी वैसी
होने के बावजूद। उसमें प्रेम था। उसे उलीचना चाहती
थी अपने पर औरों पर। उलीचती भी थी कच्चा
पक्का जो तरीका आता था

दु:ख और तनाव अकसर उसे घेर लेते। वह मृत्यु की
तरफ भागती। मृत्यु उसे लौटा देती। बाद में यह सब
एक खेल में बदल गया।

चश्मे के कांच

बूढ़ी औरत खो बैठी है अपना चश्मा
चौहत्तरवें बरस की उमर में
उसकी झुर्रीदार अंगुलियां टटोलती हैं
कुछ न कुछ हर वक्त
आले, तिपाई, बिस्तर
आसमान भी बाहर नहीं रहता उसकी जद के

चश्मे के कांच बाई-फोकल थे
नजदीक होने का मतलब वहां आत्मीय होना नहीं था
बहुधा तो वह उबाऊ और गैरजिम्मेदार था
न दूर होने का मतलब दृश्यों से था

वहां थीं यादें
वहां थे रिश्ते
अनुभवों के छोटे मगर गहरे तालाब थे

चश्मे का फ्रेम बना था उन्नीस सौ चवालीस में
तब फ्रेम टिकाऊ मगर कम खूबसूरत होते थे
वेरायटी का तो सवाल ही नहीं था
यही खयाल बूढ़ी का प्रेम के विषय में भी है

पत्रकार की पत्नी उर्फ प्रेमलता सक्सेना

आलमारियों में
इतिहास ठुंसा है
रैक मासिक त्रैमासिक से
अंटी है
टांड पर छत तक
चिनी हैं तारीखें
(धूल की विस्तृत जीभ ने लपेट रखा है सब)
प्रेमलता सक्सेना को लगता है
वह किसी टापू में है
घिरी हुई अनंत ऊब में

एक दिन कोई नाव आएगी
उसमें बैठकर वह

दूर निकल जाएगी
वहां फूल होंगे, बच्चे होंगे, बारिश होगी
बहुत दिनों बाद प्रेमलता सक्सेना किसी
पुरानी हिन्दी फिल्म का गीत गुनगुनाएगी
पहुंच जाएगी छत पर बाल सुखाने के दिनों में

फिलहाल तो सबको झाड़ने साफ करने का काम
पड़ा है
गोया बांचनी हो कोई अखंड रामायण

वहीं से आता था धुआं

कभी-कभी अपने भीतर भी झांक लेना चाहिए
एक दिन मैंने इसी तरह झांका
सांवले मटमैले धुंए में सब कुछ ढंका था
एक तरफ इच्छाएं थीं कई पोशाकों, मुद्राओं में
उनकी अपनी कल्पनाएं अपना जीवन था
एक दिन-भर पतंग उड़ाना चाहती थी नौ वर्ष की बच्ची बनकर
भाई को मांझा बनाने का काम देना चाहती थी
जैसे बचपन में भाई उसे दिया करता था
दूसरी चाहती थी वह जहां जाना चाहे जाए
सड़कों पर घूमे दूकानों के इश्तहार पढ़े
दुर्गा के घर चली जाए
तीसरी का मन था ऐसी किताबें पढ़े
जिसमें किसी ऐसे व्यक्ति की चर्चा हो जो सदा
असफल रहता आया पर छोड़ता नहीं अपनी आदत

एक तरफ किसी कोने में दिखाई दिया जापानी
गुड़िया का सिर
जिसे कलकत्ता से बाबूजी लाए थे

बहन से हाथापाई में सिर उसके पास और धड़
बहन के पास रह गया फिर मिट्टी के शेर का मुखौटा
जिसके सब दांत झर चुके थे जिसे इंद्रपूजा के
मेले से लाया गया था
ये तमाम चीजें बरामदे के एक कोने में पड़ी हुईं
जहां बैठकर खाना पढ़ना सब होता था

बगल से जा रही एक सड़क जिसके दोनों ओर
कुछ अधबनी इमारतें थीं
किनारे बालू औरत के ढेर थे ईंटे थीं भट्ठी में पकाई
हवा चलने से बालें उड़ती थीं
वहीं से एक रास्ता मुड़ता था जंगल की तरफ
कई तरह की आवाजें थीं वहां था कई तरह का सन्नाटा
कुएं बावड़ियां सड़कें मैदान आसमान तारे बादल
और इस सबसे दूर एक खाली कक्ष में पीली रोशनी
दिखती थी
वहीं से आता था धुंआ उमड़ता हुआ

पुत्रमोह

बैठक में रखी मेज के शीशे के नीचे
दो तस्वीरें सजी हैं
ये तस्वीरे मेरे भाइयों की हैं
एक हैदराबाद रहता है एक दिल्ली

पिताजी मेज पर घंटों व्यस्त दीखते हैं
पेट्रोल पंप बिक चुका है बाकी कारोबार
पहले से ही ठप हैं

इतने बढ़े घर में पिताजी अकेले रहते हैं
बेटियों की शादी हो गई पत्नी का स्वर्गवास हुआ
(घर पुरातत्व का नमना लगता है
एक समय खूब गुलजार था)
खाने के बेहद शौकीन पिताजी कई-कई दिन
दूध ब्रेड पर गुजारा करते हैं
मुझे याद है उनका भोजन करना
घर का सबसे अहम काम हुआ करता था
(उसके बाद सब चैन से बतियाते हुए खाते थे)

बेटों में से कभी-कभी कोई आता है
अपने हिस्से के रुपए लेने
कोई नहीं कहता आप चलकर हमारे साथ रहें
हमें खुशी होगी
बड़ी बहन बीच बीच में आती है
जितना होता है सब व्यवस्थित कर जाती
नौकर को तनखा से अलग और रुपयों का लालच देती है
ताकि टिका रहे
(बेमतलब डांटने की बाबूजी की लत तो जाने से रही)

मेरे मन में कई बार आया
मेज के नीचे की तस्वीरें बदल दूं
भाइयों की फोटो हटा
बड़ी बहन की तस्वीर लगा दूं
पर जानती हूं पिताजी सह नहीं पाएंगे मेरी
इस हरकत को
सख्त नाराज़ होंगे
बहन को भी मलाल होगा व्यर्थ पिताजी को दुख पहुंचा

दस हज़ार साड़ी

भूतपूरब मुख़मंतरी जयललिता जी को
ग्रामसेविका राधादेवी का परनाम
'आरयाबरत' से मालूम हुआ आपको जेल पठा दिया
गया है
उहां आप करिया कोर बला उज्जर साड़ी पहनेंगी
जैसन वहां आए बला बाकी जनानी पहिनती हैं

बिसबास कीजिए जयललिता जी इ साड़ी त आप पर
बहुते खिलेगा
आप तनिक ऊ का कहते हैं सातविक नजर आएंगी
ओना आपका अपना पसंद का रंग कउन-सा है
हरा लाल आ कि गुलाबी?
मूल रंग त कुल पांच ठो कि सात ठो ई होता है न
माने एक-एक रंग का हजार गो साड़ी से भी
बेसी साड़ी होगा आपका पास
उसमें से केतना त ऐसन होगा जेकरा आप
एको बार नहीं पहिना होगा
आपको यादो कहां होगा ऊ सब कोन सब
कीन के लाया
आ कईसे आपको मीला

जे आप बिगड़े नहीं त एक ठो बात पूछे का मन है
एतना साड़ी वास्ते आप केतना ठो अलमारी बनवाई
ओकरा गहराई केतना फुट रक्खीं
आ नकसा जे बनाया ऊ नकसानबीस का नाम
आपको याद है?

ऊ बढ़ई का बारे में कछु जानती हैं
जे अलमारी के चिक्कन किया?

दस हजार साड़ी!
आपको त मालूम होगा जयललिता जी कि इ मुलुक में
दस हजार से कहीं जियादा है ऐसन जनाना
जेकरा पास फकत दू ठो साड़ी होगा
एक फींचा एक पहिना
जेकरा पास मात्र एके गो साड़ी है ओकरा गिनती भी
कोनो कम नहीं है

आपको लग रहा होगा मामला के बढ़ा चढ़ाकर
हम बता रहे हैं पर ई बात ओतने सच है
जेतना सच आपका दस हजार साड़ी है

याद किजिए बिहार के परड़िया कांड
दिल्ली से पतरकार सब आ़या था
केतना बोला पर एगो घर से जनानी बाहर नहीं
निकला

आ निकलती भी कइसे
ओकरा आदमी आ बेटा दूनों के काट दिया गया था
अपना एक मात्र साड़ी के दू ठो टुकड़ा कर
दूनो पर डाल दिया
आ ख़ुद निपट निर्वस्त्र कोना में बैठ के
बिलख रहा था

ऊ औरत के कहां मालूम होगा कि ई देस में
आपका जैसा औरत सब भी है
जेकरा पास दस हजार साड़ी है

ऊ 'आरयाबरत' नहीं पढ़ती
दस हजार केतना होता है
ठीक-ठीक अनुमान नहीं लगा सकती

आप जिस जगह पर पहुंची जयललिता जी
उहां केतना जनाना पहुंचती है?
उहां तक जाए के वास्ते आप कौन रस्ता चुनीं
कौन सीढ़ी चढ़ी ई सब के जाए भी दिया जाए
तभीयो एतना त कहना होगा
आप ऊ बहुत कम जनाना में से हैं
जेकरा एतना ताकत एतना रुतबा मिला
सब आप कंकड़े बटोरने में लगा दिया?

देखी हैं कभी अपने राज को नजदीक से
उसमें रहने वाला मनुख के
मनुख का आंख से
लाखों जनता का दूबखत का रसम भात जोटाना
आपका अरब खरब जोटाने से जियादा मोसकिल है
कहीं जियादा मोसकिल है
ऊ जनाना सब का जिनगी उनका साड़ीए जैसन जो
जगह-जगह के फट्टल
आ बेजान है

अनगिनत गोड़ हैं जइमें टूटल चप्पलो नहीं
आपका सात सौ जोड़ी जुता
केकरा मुंह पर सात सौ थप्पड़ हैं जयललिता जी?
आपका सैकड़ों घड़ी थान के थान जेवर
केकरा बास्ते धिक्कार हैं तनी सोचिए

अर्चना वर्मा

कीमत

जीवन में जिन बहुत-सी बातों को
उन्होंने कीमती बताया था
उनकी कीमत की जांच का
एक ही तरीका सिखाया था।

एक वर एक घर एक वादा
एक कुल एक नाम एक मर्यादा
बहुत-सी वे चीजें थीं बहुत-बहुत कीमती
जिन्हें आगे चल कर मुझे पाना था लेकिन
अगर उनकी कीमत चुकाना था तो
एक ही कसौटी थी कि
मरना भी उनके लिए मुझे मंजूर होता या फिर
कम से कम इतना तो ज़रूर होता कि
मरने की एक बेहद धीमी रफ़्तार को
मैं जीना कह पाती, रिस रिस कर बहते जाने को
पीना समझ कर, अपने को अपने से काट कर
दस हजार टुकड़ों में बांट कर सह पाती
फटेपन को बहुमुखी कहने का अपमान या
एक दोहरी बेईमान जिन्दगी को दे पाती
अनुकूलन की क्षमता का नाम।

उनका यह इरादा तो शायद न होगा।
पर कैसे क्या जाने हुआ
जल्दी ही जीवन में मरने की वजहों का
एक कीमती ढेर लग गया

जीने के लिए तलाश करनी पड़ी
एक सस्ती सी, छोटी सी वजह।

मेरा तो इरादा यह कतई न था
पर कैसे क्या जाने हुआ कि
मैं जो हूँ वही होने की छोटी सी इच्छा
उनके उस ढेर से बड़ी हो गई
सच ही, यह मैंने नहीं
उन्होंने ही किया कि
एक बेबस बेचारी सी जान
इतने बड़े पहाड़ के खिलाफ़ खड़ी हो गई।

ऐसा न हुआ होता तो
वह दौड़ कर पहाड़ पर चढ़ी होती।
पहाड़ की ऊंचाई से
उसने अपनी जिन्दगी मढ़ी होती।

लेकिन ऐसा हुआ तो
उसने दांतों से कुतर कर
पहाड़ में सेंध लगा दी।
शिखर को मुंह बिराया
और तल में
सुरंगें बिछा दीं।

मुखपृष्ठ पर मैकू

चिकने चमकीले सतरंगे कवर के एक काले कोने में
चूल्हे की नारंगी लपट की रोशनी में
बुझे हुए चेहरे पर चिन्ताओं का मकड़ जाल

भीतर अंगरेजी में उसकी तकलीफ़ों का हाल
वाह क्या संयोजन है
ईश्वर उछल पड़ा।

मैकू हैरान। देखता रहा परेशान।
यूं आया ईश्वर। इतना अचानक।
बिल्कुल हक्का बक्का रह गया मैकू।
स्वागत तो दूर।
दो बात भी ठिकाने की कर नहीं पाया।

कहो क्या हाल है। कोई तकलीफ़ें?
ईश्वर ने पूछा।
सड़क के किनारे चूल्हा जलाते
रोटी पकाते मैकू से।
तकलीफ़?

खुद को अच्छे खाते पीते घर का बताता है मैकू।
अपने भर को काफ़ी कमाता है।
सरकारी दर का आधा ही पाता है।
ठेकेदार का जस गाता है।
तकलीफ़ बस यही कि अपने भर को काफ़ी नहीं
उसका अपना आपा इसलिए
थोड़ा कम पड़ जाता है।
हां। बचाता भी है। उतनी ही कमाई में से आधा
एक जून भूखे बिता कर। मासिक मनियाडर के
लिए यह कटौती आंतों में सुलगाती है आग
तो लौटने के दिन की प्रतीक्षा में वह
गाता है फाग।
अभी वह घर लौटने लायक है।

कुछ फड़कते से जवाबों की इच्छा में ईश्वर ने
उकसाया मैकू के दर्द को कुरेद कर।
मैकू मठूसर न टस्स न मस्स
पाया न ईश्वर ने कुछ मन को भेद कर।
असली बात कहते हुए वह लजाया
ले देकर कुल किस्सा इतना बताया।
रेहन पर खेत है उसको छुड़ाना है।
अगहन में छोटी बहन की विदा में
खेत को दुबारा रहन पर चढ़ाना है।
कुल कर्जा जल्दी से जल्दी चुका कर
कुल कर्जा दोबारा सिर पर उठाना है।
घर से दो चार बरस दूरी का इन्तजाम है
यह सब कुछ मिलाकर। तब तक वह शायद
खुद ही घर लौटने के लायक न रहे
अभी तो घर की याद उसके दर्द का नाम है।

असली जो बात रह गई बिन बताई
पियरी में लिपटी लजाधुर लुगाई।
बिछड़े हुए बाबू और बहना और माई।
अगली भेंट तक पियरी क्या पीली रह जाएगी?
खांसी तो बेशी कड़क है माई की लेकिन
गुंजाइश नहीं है दवाई की मगर
चलो बूढ़ी हुई पूरे हुए सभी काम
कामना बस इतनी सी बाकी बची है राम
हाथ पांव चलते उठा लें तो समझो भरपाया
राम जी की करनी राम जी की माया।

ईश्वर ने सांस ली फिर एक गहरी। यह भी कथा है कोई,
कितनी इकहरी।
आगे क्या करोगे? जीवन में क्या बनोगे?
फिर पूछा ईश्वर ने। फिर से निराश हुआ।
मैकू ने ढंग का न कोई जवाब दिया।
सुबह अपने खेत में होना, रात अपने घर में सोना।
इतना सा सपना। हाड़तोड़ मेहनत। फिर भी न अपना।

यहीं मार खा गया हिन्दुस्तान। राम जी की करनी का
अमिट सिलसिला है। न कोई ड्रीम न मोटिवेशन
न ऐम्बीशन। तरक्की की बात बस हवाई किला है।
यह तो कुछ बात बनी नहीं प्यारे, ईश्वर ने
हताशा से मुंह बिचकाया। किस्से के बिना
क्या स्टोरी कवर की। खुद ही कहानी को
आगे बढ़ाया।

माई और बाबू में से एक विकलांग
दूसरा बीमार। पांच-सात भाई बहनों
की कतार। जवान बहनें बदनियत
महाजन की नजर का शिकार।
वगैरह वगैरह। जिन उम्मीदों का
चूर होना त्रासदी कहलाए उन्हें
और बड़ा होना चाहिए। मुट्ठी
पर पसलियों की हिम्मत की
नाप की कसौटी को और कड़ा होना चाहिए
किस्से में आफ़त को टूट कर पड़ा होना चाहिए।
इतना सा सपना। हाड़ तोड़ मेहनत। फिर भी न अपना।
ईश्वर को नहीं दिखा कि भारी है।
ढोती हुई पीठ को झुक जाने की लाचारी है।

स्वाद के अनुसार नमक की तरह ईश्वर ने किस्सा फैलाया
किस्सा ही क्यों। सच भी यही
मैकू का नहीं तो घीसू का सही।
घीसू ने भी हंस कर यही दोहराया।
राम जी की करनी राम जी की माया।
इतना हंसते क्यों हैं बिना बात ये लोग
ईश्वर झुंझलाया। फिर उसने थोड़ा वक्त लगाया।
बड़ी मेहनत से समझाया मैकू को
मैकू के दर्द का हाल। फिर एक एक करके
पूछे अपने सवाल। किसका षड्यंत्र है किसका
व्यापार है किसके तंत्र का मैकू शिकार है
शोषण है लूट है भ्रष्टाचार है। वगैरह।
सुनता रहा मैकू मुंह बाए
शायद कभी तो कुछ समझ आए।

वह जानता है पूछे गए सवालों का जवाब
सिर्फ़ इन शब्दों में नहीं जानता
जिन्हें छापा जा सके। पढ़ने वाले की
आंखों में कृपा छलका कर
करुणा को नापा जा सके। उसे मालूम नहीं कि
बंदूक की तरह उसकी तरफ़ तनी हुई चीज़ को
कैमरा कहते हैं। न यही कि उसका नाम
और चेहरा एक नामी पत्रिका के
मुखपृष्ठ पर दूर दूर तक
पहुंचाया जाएगा या कि उसकी
तकलीफ़ों का हाल चाय की मेज़ पर
नाश्ते के साथ खाया जाएगा।

मुखपृष्ठ के लिए एक
मुख की जरूरत से ईश्वर ने
मैकू को तलाशा। मैकू क्या जाने
ईश्वर की निराशा कि
मिला तो सही पर
मिला फाग गाता। उसे अभी
अपने घाव बेचना नहीं आता।
अभी वह घर लौटने लायक है।
फिर से जवाब वही ईश्वर ने पाया,
कहा सुना कुछ भी काम नहीं आया—
हां, कुशल है, मंगल है। बस
जरा टेसू के जंगल याद आ रहे हैं।

मेहनत के मातम में
ईश्वर ने ठोंक लिया माथा।
फिर एक बार मार खा गया हिन्दुस्तान।
अपने ही दुख दर्द की भी
तनिक-सी नहीं पहचान। अज्ञान।
मैकू हैरान।
ताकता रहा परेशान। ईश्वर की बात का
मर्म नहीं पाया। कैसे कहे वह भी तो
अपनी बात ईश्वर को समझा नहीं पाया कि
अगर वह गा रहा है फाग तो
इसका यह मतलब तो नहीं कि
उसके पेट में आग नहीं। न यही कि
अगर उसके पेट में आग है तो
वह फाग नहीं गा सकता।

आकाशबेल

आकाशबेल ने तय किया
पेड़ की टहनियों पर
ऊपर से छाना
जमीन में जड़ जमाना
उसे रास नहीं आया।

जाने क्या है
किसान की मंशा मेरे देश में।
रबी की और खरीफ़ की
और दोनों के बीच की
हर फसल उसने
आकाश में बो दी है।
अब इंतजार है कि
आकाश कब
सोना उगलेगा।

कभी जहां जंगल थे
अब घास के मैदान हैं।
घास मुलायम और हरी है।
कहता है किसान कि
मेरी नजर का फ़ितूर है
मगर तुम भी देख लो,
चरी जा सकती है
आसानी से छांट कर
बराबर गट्ठरों में
भरी जा सकती है मवेशियों के पेट में

वह फिर उगेगी
काटे और चरे जाने के लिए
मवेशियों के पेट में भरे जाने के लिये।

खेती और पशुपालन
प्रमुख उद्योग हैं
मेरे देश के।
खेत हैं आकाश में।
क्या अचरज
जंगल की जगह ले ही है
चरागाहों ने।
बच रहे पेड़ों की बाहों में
बसी है आकाशबेल
वरना वे क्यों बचे रहते।
(लेकिन आखिर कब तक!)
छांहों की तलाश में कहां कहां भटकोगे?
अगर तुम नहीं होना चाहते हो घास
तो आओ
मवेशियों में शामिल हो जाओ
तुम भी छांह कर सकते हो अपने सिर पर
घास चर सकते हो
पेट भर सकते हो।

जाने दो, मत पूछो
कटे हुए पेड़ों का नाम
मत देखो घनी इस घास की
तनी हुई चादर से ढंकी
कब्रगाह जो कभी जंगल हुआ करती थी।

कब्रगाह की जमीन उपजाऊ है
ठीक ही तो कहता है किसान,
मगर क्या करे जमीन
उपज तो है महज घास
काटो। मवेशियों को बांटो।

सपने में यह सोचा मैंने कि
मैं एक पेड़ हूं।
टोकता है किसान। सपने में
तुम सोचते नहीं, देखते हो।
वह ऐसा कह सकता है
उसे हक है, क्योंकि
सपना एक पेड़ के बारे में है
और पेड़ के बारे में
वह जानता है सब कुछ।
सपने के बारे में चाहे
कुछ भी न जानता हो।

तो सपने में यह देखा मैंने
कि मैं एक पेड़ हूँ। पैरों में
देखते ही देखते उग आई
एक महा मनहूस चीज़—जड़
पाताल की दिशा को, अंधेरों को
जाती हुए, महज़ एक नन्हे से
बीज को फोड़ कर महज़ नाचीज़ सा
एक पेड़ बनाने के लिये। सपने में
सोचा नहीं मैंने, देखा
घनी उस घास की तनी हुई
चादर से ढंकी कब्रगाह की

मिट्टी में कीड़े थे, खाद में
बदलते थे मरी हुई देहों को
चूस कर जमा हुआ रक्त
पिघलाते थे। जड़ को पिलाते थे।
खिलाते थे वही खाद।
क्या किया जा सकता था
एक बार अंधेरे में उतरने के बाद।
मैंने देखा क्योंकि सपने में
कैसे कहूं कि मैंने सोचा कि
मैं एक पेड़ हूं और देखो तो
यह कहां जा, क्या खा
रही है मेरी जड़ कि
मुझे सिर्फ़ सोच कर भी
अपनी देह से घिन आ रही है।

अंधेरे में
अपने आप से घिनाते हुए
ज्यादा देर नहीं बिता सकते तुम।
शायद बह अपनी आंख के भीतर से
आप ही निकलती है रोशनी
बेहद बारीक रेशों में। धीरे-धीरे
अंधेरा कौंधने लगता है
अपनी आंच से। घृणा में से
फूटती है ताकत।
और कवच बन जाती है।

यहां से लौट कर
मैं कहां जाऊं किसान?
जाने क्यों यह सपना मुझे आया

कि मैं एक पेड़ हूं और
मेरे पास जड़े हैं। उसने क्यों
इस पाताल तक
मुझको ला पहुंचाया।

इस अंधेरे की दुनिया को लिये दिये
वहां मैं कहां जाऊँ किसान
जहां हर पेड़ की टहनियों पर
आकाशबेल का वास है
जमीन पर उगती है महज़ घास और
आकाश के सोना उगलने का
विश्वास है।

मैं कहां जाऊं उस देश में
जहां इतिहास नहीं है
मुर्दा देहों के वेश में
गड़ा हुआ पाताल का अंधेरा।
वहां तक जाती है अगर जड़ तो
वह फालतू और बेकार है,
न दरकार है मिट्टी में उतरना।
आकाशमार्ग से गुजरता हुआ
प्रकाश है इतिहास वहां।
हर दसवें मिनट
एक सूरज उग आता है
बीच के नौ मिनट
कोई न कोई दिया टिमटिमाता है
क्या कर लेगा अंधेरे का बाप
जबकि अमावस
रोशनी के पखवारों के बीच सिर्फ़

सूरज से चांद के तबादले का नाम है
उसका महज इतना ही काम है
कि अहसास बना रहे कि
अंधेरा है तो ज़रूर
मगर कहीं कोनों में है, बहुत दूर
और सूरज या चांद में से
कोई न कोई
बस आता ही होगा।

ऐसे भरपूर उजास में
क्या करेगा अंधेरा का अहसास!
वह महज़ ख़याल है
कुछ चीज़ों का जिन्हें
रास्ते से हटाना है।
और हटाना?
वह भी एक ख़याल है।

जाने किसने यह कैसे किया,
चीजों को महज़ चीजों का
ख़याल बना दिया।
पहले कभी इस कदर
प्रतीक तो न थीं ये चीजें
कि चीज़ें न रहें सिर्फ़
नाम रह जाएं और
जिन कोनों में कभी
सहेज कर रखा था उन्हें
वक्त जरूरत काम आने के लिए
उन कोनों में तलाशो तो
न मिलें, न काम ही आएं।

सपने से जाग कर मैंने देखा
सबसे घने पेड़ की छांह में
सोया पड़ा है किसान।
उसे आदत है आंख खोलकर सोने की
पर वह समझता है कि
वह जाग रहा है।
अब तो उसने वहां तक पहुंचा दी हैं
चीजें कि उसकी फसल में
ताकत है खुद
अपने आप को बोने की
वह फसल के फल देने तक की
मोहलत मांग रहा है।

सपने में
मुझसे मेरी जड़ ने कहा था
शुक्र है तुमने
सिर्फ़ सपने में देखा है कि
तुम एक पेड़ हो। जागने पर
कोई और नहीं जानेगा। वरना
जरा सोचो, कितनी भी गहरी हो
कोई जड़, आकाशबेल के साथ
कितने दिन लड़ सकती है?

किसान को मालूम नहीं
मैंने सपने में क्या देखा है।
आंख खोल कर सोने
और सोकर आंख खोलने के बीच
बहुत बारीक सी रेखा है।
आखिर कुल मिला कर

वह कब्रगाह का माली है
उसका काम महज़
घास की रखवाली है।
घास की जड़ें वहां तक नहीं जातीं
जहां खाद और मिट्टी
पेड़ की जड़ों को जीना सिखाती हैं।
फ़िलहाल उसकी देखरेख में
घास की बारीक़ बराबर
कटाई होती है। बेतरतीब
टहनियों की छँटाई होती है
पास एक तख्ती पर
लिखा हुआ टंगा है
घास पर चलना मना है
उगती हुई चीजों को
कुचलना मना है।

यानी कि वहां
पेड़ होने का विकल्प
मेरे पास नहीं था और
घास होने का कोई इरादा नहीं था
वादा यह जरूर था अपने आप से कि
मेरा सपना मुझे याद रहेगा
हर हाल में चाल चाहे जैसी
जो भी चले।

जंगल जब छँटे तो सिर्फ़
पेड़ ही तो नहीं कटे होंगे, मैंने कहा,
वे जानवर कहां गये
जिन्हें पालतू नहीं बनाया जा सका?

किसान ने कहा, कोई खबर नहीं उनकी
कुदरत का कमाल कहो, और क्या।
जिनकी हिफाजत नहीं कर सकती
उन नस्लों को खत्म कर देती है।
कुदरत नहीं हूँ।
किसान हूँ मैं। जानता हूँ
महज़ उन्हीं का हाल
जो पाले गये, संभाले गये और
आज तक बचे रहे।

वहीं पिछवाड़े था मवेशियों का मुहाल।
वे उसके कुओं को दूध से भर रहे थे।
लाद कर उसका बोझ कंधों पर
झुके हुए खुश थे कि
घास चर रहे थे,
पाले हुए, संभाले हुए, बचे हुए
गाय और बैल और घोड़े और
पालने वाले, संभालने वाले, बचाने वाले
इशारों पर नचाने वाले
कोड़े
हवा में अदृश्य हलरा रहे थे।

कुशल है
आदमी कुदरत नहीं, किसान है।
खत्म नहीं करता, सहेजता है।
जिनकी हिफ़ाजत नहीं कर सकता
उन्हें जीते जी अजायबघर
भेजता है।
मज़बूत लोहे की छड़ों वाले

जंगलों के पीछे जंगलों का आभास
नकली नदी, नकली गुफ़ा, नकली पेड़ और घास
गर्जना से गूंजता आकाश।
मेरे सपने को मालूम था उनका भी हाल
जिन पर पहले पहल काबू नहीं पाया गया,
जिन पर आजमाया गया
खुला छोड़कर
पालतू बनाने का तरीका
अब वे धीरे धीरे भूल रहे हैं अपना स्वभाव
भूख के समय भोजन पाते रहने की
सुविधा से लाचार
अब उनके बस का नहीं
जीवन शिकारी का।

हिफ़ाज़त के मारे
मर जाने के बाद उनकी हड्डियां
मुर्दा अजायबघर में
पहुंचा दी जाएंगीं। उनके नीचे
दर्ज होगा विस्तार से
वे किस प्रदेश में,
कै हजार साल पहले
पाए गये। मौसम और मुकाम़
बदलने का नतीजा। इतनी कोशिशों
और इतने खर्चे के बावजूद, अफसोस,
बचाए नहीं जा सके।

एक दुःस्वप्न

मेरी कहानी में इसके बाद
चम्पाकली को आना था
घाघरे का घेरा घुमा कर
गर्दन मटका कर गाना था, पाना था
प्यारे ननदोई से
खोये हुए सरौते का हाल

पूरी की पूरी कहानी मुझे याद थी,
सम्वाद भी, गाना भी,
गाने के साथ अंगों का
झुकना झुकाना भी। आख़िर
मैं ही तो खेत था, मैं ही खिलाड़ी भी,
चम्पाकली तो सिर्फ़ यूँ थी चम्पाकली कि
डोरियाँ मेरे हाथ थीं

और आज डोरियां उंगलियों से अलग
आपस में उलझ गयीं।

(वह एक दहशतनाक जगह होती है जहाँ
परदा खुले और तुम पाओ कि
तुम ऐन बीचोबीच हो उस कहानी के
जो वह नहीं है जो तुमने
सोची थी कि है
लेकिन फिर भी
तुम्हीं खेल हो, खिलाड़ी भी तुम्हीं
और डोरियां तुम्हें ही खींचनी हैं,

तयशुदा प्रोग्राम से अलग तुम्हें
तय करना है, फ़ौरन,
आगे क्या होगा।
सीधी आँखें, सतर भौंहें,
तनी हुई रीढ़, तुम्हारे चेहरे पर
बहादुरी एक अपारदर्शी परत है
वरना तुम खुद तो पहचानते ही हो
नसों में रेंगती हुई सरसराहट के
जमने की आवाज़।)

साहब को आना था
मुसाहब को आदाब बजाना था
फिर चम्पाकली को गाना था
लेकिन डोर जो मैंने खींची वह
उसकी नहीं थी डोर जिसकी
हिलने की बारी थी, देखो तो कैसी
मेरी लाचारी थी कि परदा खुला था,
मैं ही तो खेल था मैं ही
खिलाड़ी भी और कहानी वह
नहीं थी जो मैंने सोची थी
कि है।

जिसे बैठना था द्वार पर
दरबान की जगह
अचानक वह ताल ठोंक कर
आ कूदा दरबार में।
उसके पीछे उसका घोड़ा था
मेरी हालत पर ग़ौर करें जनाब,
उलझे हुए धागों की गुंझल में

किसे खबर थी कि एकदम शुरू में
किस डोरी से कौन-सी पुतली को
जोड़ा था।

किसी भी जगह किसी भी मतलब से
सुनायी जा सकती है, दिखायी जा सकती हैं
अन्योक्ति समासोक्ति वग़ैरह की ख़ूबियां
तुम अगर चाहो तो।

मेरे लिए लेकिन महज़ मेरा
यह एक निजी दुःस्वप्न था।
परदा तो खुला ही था
लेकिन न चम्पाकली, न दरबान, न घोड़ा
मेरे हाथ में डोरों का गुंझल था।
फिर मेरे हाथ गुंझल में
फिर मेरे पांव गुंझल में
फिर पूरा मैं गुंझल में।

पुतलियां खींच रही थीं
और मैं नाच रहा था। पसीने से तर बतर
कांप रहा था। यही था
एकमात्र आश्वासन कि
शायद आंख खुलेगी और
सब कुछ ठीक होगा।

क्षमा कौल

समय

कितना महान समय है
हम प्रायश्चित कर रहे हैं
प्रभु समय बढ़ाओ इस
काल का
ऐसा न हो कि हमने
पाप कम किए हों
और यह अवधि
जल्दी समाप्त हो
प्रभु यह कालावधि
बढ़ाओ
बड़ा महान उत्सव है
हम प्रायश्चित कर रहे हैं
हमें आ रहे हैं स्मरण
अपने सारे जन्म
और हम उनके उलट
जैसा तब करना चाहिए था
कर रहे हैं प्रभु
कितना महान समय है।
कोई बता रहा था
कि कभी उसने जब
बोरी लपेटते देखा था
एक बेछत आदमी को
वह हंसा था—
दूसरे जन्म में उसे
वह बोरी खरीदनी पड़ी थी
लखनऊ से
12 रुपयों में...
जंगल की लकड़ियां
बटोर चुकने पर,
छत बनाने के लिए
कितना भव्य उत्सव है
तिनके तक के होने का
उत्सव...
हम कर रहे हैं प्रायश्चित
सभी उड़ाए उपहासों
सभी किए परिहासों
तूणीर से चलाई
सभी मुस्कानों का...
प्रभु हम तोड़ रहे हैं धनुष
प्रायश्चित के यज्ञ में
कितना महान समय है
धन्यवाद प्रभु

मन

कितना मारूं?
कितना बांधूं?
कितना करूं लहूलुहान?
खुद किए पापों की दूं
तुम्हें कितनी सज़ा?

रे मेरे अस्तबल में बंदी
अपनी मूकता का भोगोगे
कितना संत्रास।

तुम पर सवार होकर
करती हूं अभिसार
करती हूं व्यभिचार
कर आती हूं संहार
लिए खड्ग हाथ में
फिर हम दोनों हांकते हैं।
गिरते हैं! हारते हैं।
तुम्हें मेरे थकने और
गिरने और जूझने
का अफसोस होता है।

मैं उठकर लगती हूं
तुम्हें फिर भी चाबुक मारने
चल बांध जा, कहीं मर
दौड़ाता है मुझे कहां-कहां
थकाता है, कराते हुए वह सब
कर नहीं सकता जो मेरा
तन।
रे मेरे मित्र।
सखा! बंधु।
मैं आखिर तुम्हें कितना मारूं
ला तुम्हारी गर्दन खुजलाऊं!
सहलाऊं।
मेरे मित्र से मित्र ओ।

उस राज स्वप्न के भीतरी प्रकोष्ठ में से
निकल आया एक स्वप्न प्राचीन तम
शहर का राजा भी था
मेरी चिंता के सिरहाने
शिद्दत से आग्रह करता हुआ
मेरे किसी रिश्तेदार की
शायद पति रहा हो—
ढूंढ भाई ज़रा
किसी अस्थि में छिपा हो
इस कैदी का, हत्यारिन का,
व्यभिचारिन का—
इस चोर—अभिसारिका का...
प्रेम करने वाली का...
देख, ढूंढ इसके मन की राख
की क्या यह भला
कैसी दुष्टा?
करती वही जो
करना होता है पुरुष को
क्या थी यह...
हां ला इसकी राख को
भी दे सकते हैं हम
दंड...
इसके मन की राख को
भी...हां...

पागल

किसे दें धन्यवाद
उनके लिए जो नहीं हैं पागल
किसे कोसें पागलों के
गैर-पागलों के बीच होने के लिए।

बांट रहे थे पागल
गैर पागलों का दुःख
अपनी खुशी के रखकर
ताक पर।
गैर-पागलों ने आसमान
की तरफ उठा रखे थे हाथ
धन्यवाद कि
शुक्र है वे नहीं हैं पागल।

पागलों को देखकर
पहले हंस दिए गैर-पागल
फिर घुमा लिए सिर कुछ ने।
कुछ ने नज़रों से पीछा किया
पागलों का।
सुनना चाहा उनका एक-एक
वाक्य।
प्रत्येक संवाद, हर कोई विचार
कि उमड़ आए करुणा उनमें
पागलों के लिए।
जानना चाहा उनका दर्शन।
कह रहा था उनमें से कोई
गीता में भूल गए
बताना कृष्ण।
हे परंतप!
पागल हो गए हो क्या?
पागल मत बनो।
आत्मा नहीं होती पागल
अथवा गैर-पागल।
कौन हैं ये पागल?
क्या वे जो नहीं हैं पागल
या सृष्टि के मूल मे ही है
कोई बीज पागल!

तुलमुल

यहां बांधा है मैंने अपना
हिनहिनाता, पछाड़ खाता
शेर के आगे चूं नहीं बोलता
आवारा
मिरगी का मारा
पगला घोड़ा।
जंगले से बंधी रस्सी तोड़ता हुआ
भागता अवश
झाग फेंकता, हांफता
और हवा के वेग से उड़कर
झांकता
निस्सार क्षण-भंगुर
घरों की वीरान खिड़कियों से।

आह ह ह! यह मेरा
पगला घोड़ा फिर-फिर
मैने उसे यहां बांधा,
यहाँ बांधा है अपना 'मैं'।

सविता सिंह

मैं किसकी औरत हूं

मैं किसकी औरत हूं
कौन है मेरा परमेश्वर
किसके पांव दबाती हूं
किसका दिया खाती हूं
किसकी मार सहती हूं...
ऐसे ही थे सवाल उसके
बैठी थी जो मेरे सामने वाली सीट पर रेलगाड़ी में
मेरे साथ सफर करती

उम्र होगी कोई सत्तर-पचहत्तर साल
आंखें धंस गई थीं उसकी
मांस शरीर से झूल रहा था
चेहरे पर थे दुःख के पठार
थीं अनेक फटकारों की खाइयां

सोचकर बहुत मैंने कहा उससे
'मैं किसी की औरत नहीं हूं
मैं अपनी औरत हूं
अपना खाती हूं
जब जी चाहता है तब खाती हूं
मैं किसी की मार नहीं सहती
और मेरा परमेश्वर कोई नहीं'

उसकी आंखों में भर आई एक असहज ख़ामोशी
आह! कैसे कटेगा इस औरत का जीवन!

संशय में पड़ गई वह
समझते हुए सभी कुछ
मैंने उसकी आंखें को अपने अकेलेपन के गर्व से भरना चाहा
फिर हंसकर कहा 'मेरा जीवन तुम्हारा ही जीवन है
मेरी यात्रा तुम्हारी ही यात्रा
लेकिन कुछ घटित हुआ जिसे तुम नहीं जानतीं—
हम सब जानते हैं अब
कि कोई किसी का नहीं होता
सब अपने होते हैं
अपने आप में लथपथ—अपने होने के हक़ से लक़दक़'

यात्रा लेकिन यहीं समाप्त नहीं हुई है
अभी पार करती हैं कई और खाइयां फटकारों की
दुख के एक-दो और समुद्र
पठार यातनाओं के अभी और दो-चार
जब आखिर आएगी वह औरत
जिसे देख तुम और भी विस्मित होओगी
भयभीत भी शायद
रोओगी उसके जीवन के लिए फिर हो सशंकित
कैसे कटेगा इस औरत का जीवन फिर से कहोगी तुम
लेकिन वह हंसेगी मेरी ही तरह
फिर कहेगी—
'उन्मुक्त हूं देखो,
और यह आसमान
समुद्र यह और उसकी लहरें
हवा यह
और इसमें बसी प्रकृति की गंध सब मेरी हैं
और मैं हूं अपने पूर्वजों के शाप और अभिलाषाओं से दूर
पूर्णतया अपनी'

विमला की यात्रा

उसे जाना है आज शाम चार बजे रेलगाड़ी से
जाना है पति के घर से इस बार पिता के घर
एक घर से दूसरे घर जाते हैं वहीं
नहीं होता जिनका अपना कोई घर

बारह साल की उम्र में
विमला ब्याह दी गई
जब वह गई पति के घर पहली बार
उस घर को उसने बनाया अपना
लीप-पोत कर चमकाया उसे
कूट-पीस कर हमेशा इकट्ठा किया और रखा
साल-भर का अनाज
धोए सबके पांव
सिले सबके उधड़े-फटे कपड़े
कहते हैं पति का घर होता है पत्नी का घर

इस बार लेकिन
विमला को जाना है दुख की ऐसी यात्रा पर
जिसके पार उतर
जीवन स्वयं अपने पार उतरता है
दुख से मिल दुख
किसी उजाड़ में जा भटकता है
पति की मृत्यु के बाद औरत का जैसे संसार बदलता है

सुबह से ही ठीक कर रही है विमला
अपने कपड़े

संभाल रही है क़सीदाकारी के लकड़ी वाले फ्रेम
रेशम के आधे-अधूरे
उलझे-सुलझे धागे
वे कपड़े जिन पर काढ़ रखे हैं उसने वे सारे फूल
जिन्हें प्रकृति भी नहीं खिलाती।
वे फूल जो अमर होते हैं
और सिर्फ़ स्त्री के हृदय में खिलते हैं
या फिर विमला के लिए
चुपचाप उसके गुमसुम संसार में

पति की मृत्यु के बाद
आज शाम चार बजे
विमला जा रही है अपने पिता के संग
कुछ दिनों के लिए बहलाने मन
वह जा रही है रेलगाड़ी से एक ऐसी यात्रा पर
जिसमें कहीं नहीं आता उसका अपना घर
मन ही मन इसलिए वह मनाती है
हे ईश्वर हों जीवन में मेरे ऐसी यात्राएं अब कम
हो मेरा एक ही जीवन
एक अपना घर
जैसे है मेरी एक आत्मा

रात नींद सपने और स्त्री

नींद में ही छिपा है
स्त्री होने का स्पर्श
जिसे महसूस करती है रात
और जो छायी रहती है इस पृथ्वी पर
वह इसी स्पर्श की छाया है

जिसके नीचे नींबू के फूल खिलते हैं
चंपा की कलियां जन्म लेती हैं

नींद में है कहीं सौंदर्य
जिससे जुड़ी है स्त्री
पनपाती मृत्यु
ग्रसती हिंसक पुरुषार्थ को
गिराती साहसी और बलवान को
राज्य करती फिर एकाग्र भाव से सब पर

रात में नींद है स्त्री
दिन में सौंदर्य
नींद में जागती है रात
इस रात में देखती है स्त्री
आदिम अनुभूतियों पर थिरकते
अपने होने के कामुक स्वप्न

बैठी हैं औरतें विलाप में

बैठी हैं एक साथ
गठरी बन
बिसूरती
रोती-विलाप करती स्त्रियां
करतीं शापित पूरे इतिहास को
जिसमें उनके लिए अंधकार का मरुस्थल बिछा है
बैठी हैं याद करतीं
अपनी महान परंपरा को
जिसमें थी उनकी स्वायत्तता
उनका स्वाभिमान

संप्रभुता थी फैली
आसमान-सी करुणामय तरल
किए आच्छादित तप्त भूतल को
अन्नदात्री वे उपेक्षित नहीं करती थीं
एक भी मनुष्य को

बैठी हैं विस्मृति में डूबे
अपने अंत:स्तल से निचोड़तीं अपना ही रक्त
रंगतीं धरती को पटी है जो
अनेक ऐसी कथाओं से
स्तब्ध हो जो
मूक सुनती है उनका विलाप

कुसुम का सत्याग्रह

उसके संताप का आज चौदहवां दिन है
वह कहती है नहीं छुएगी अन्न
अभी और सात दिन
नहीं बांधेगी केश
न करेगी प्यार
न दया
न देगी दान किसी को
स्वयं को धूल में मिला डालेगी
सब उसके लिए अब है नगण्य
वह सचमुच है मरणासन्न

संताप के इन कठिन दिनों में
बताती है कुसुम

उसे कभी नहीं मिला भर-पेट भोजन
अकसर बचा-खुचा ही मिला
देखा संभ्रांत पुरुषों ने उसकी तरफ़
कामवश ही अकसर
किया उसे मजबूर बेबस
किसी ने दया नहीं की उस पर
उसे प्रेम कभी नहीं मिला
समझा गया उसे एक स्त्री ही
फटेहाल दुर्बल

बाल खोले
कभी नहीं बांधने का संकल्प लिए
आत्मसंताप के आख़िरी दिन रोती
लेटी है कुसुम सत्य के आग्रह में

सच का दर्पण

बहुत सुबह जग जाती हैं मेरे शहर की औरतें
वे जगी रहती हैं नींद में भी
नींद में ही वे करती हैं प्यार, घृणा और संभोग
निरंतर रहती हैं बंधी नींद के पारदर्शी अस्तित्व से
बदन में उनके फुर्ती होती है
मस्तिष्क में शिथिलता
उनके हाथ मज़दूरों की तरह काम करते हैं
बनी रहती हैं फिर भी अभिजात संभ्रांत वे
नाश्ता बनाती हैं सुबह-सुबह
भेजती हैं मर्दों को दफ्तर
बच्चों को स्कूल
फिर बंध जाती हैं पालतू-सी

सुखी-दुखी अपने घरों से
दोपहर कभी उच्छृंखल नहीं लगती उन्हें
मनहूसियत भले घेर ले पूरे दिन को
हर पल की तरह वह एक पल होता है उनके लिए
गुज़र जाने वाला

शाम होती है
सड़कों पर जल जाती हैं बत्तियां
इंतज़ार करती हैं मेरे शहर की औरतें
खिड़कियों से देखतीं बाहर
देखतीं शहर के शोरगुल के बीच से गुज़रते जुलूस को
जो त्यौहारों का कुतूहल पैदा करता है उनमें
लौट आते हैं मर्द, बच्चे
पहले दिन से ज़्यादा गंभीर ज्यादा बुद्धिमान
लौट नहीं पातीं अपने भीतर से औरतें
उनके अंदर बुझा रहता है आत्मा का प्रकाश
अंधेरे रहते हैं लगातार उन पर सवार
अंधेरी सुरंग-सा फैला रहता है उनमें सभ्यता का भय
किसी भय में जागती होती है नींद की देवी
जिसमें तैरती रहती हैं छायाएं मृत्यु की
छाए रहते हैं बड़े डैनों वाले पक्षी उनके मन के आकाश में
उनके एकांत का जंगल
काटता रहता है स्वयं अपने पेड़
रात-बिरात पैदा करता है ख़ौफ़नाक आवाजें
डरी रहती हैं बिस्तर में भी अपने पुरुषों के संग
बेवजह ख़लल नहीं डालती उनकी नींद में
रहती हैं सेवारत बरसाती प्रेम सहिष्णुता
चाहिए उन्हें वैसे भी ज्यादा शांति
बहुत कम प्रतिरोध अपने घरों में

फिर भी
अपने एकांत के शब्दरहित लोक में
एक प्रतिध्वनि-सी
मन के किसी बेचैन कोने से उठती जल की तरंग-सी
अपने चेहरे को देखा करती हैं
एक दूसरे के चेहरे में
बनाती रहस्यमय ढंग से
एक दूसरे को अपने सच का दर्पण

अनामिका

स्त्रियाँ

पढ़ा गया हमको
जैसे पढ़ा जाता है कागज
बच्चों की फटी कॉपियों का
चनाजोरगरम के लिफाफे बनाने के पहले!
देखा गया हमको
जैसे कि कुफ्त हो उनींदें
देखी जाती है कलाई घड़ी
अलस्सुबह अलार्म बजने के बाद!

सुना गया हमको
यों ही उड़ते मन से
जैसे सुने जाते हैं फिल्मी गाने

सस्ते कैसेटों पर
ठसाठस्स ठुंसी हुई बस में!

भोगा गया हमको
बहुत दूर के रिश्तेदारों के
दुख की तरह!
एक दिन हमने कहा
हम भी इंसा हैं—
हमें कायदे से पढ़ो एक-एक अक्षर
जैसे पढ़ा होगा बीए के बाद
नौकरी का पहला विज्ञापन!

देखो तो ऐसे
जैसे कि ठिठुरते हुए देखी जाती है
बहुत दूर जलती हुई आग!

सुनो हमें अनहद की तरह
और समझो जैसे समझी जाती है
नई-नई सीखी हुई भाषा!

इतना सुनना था कि अधर में लटकती
हुई
एक अदृश्य टहनी से
टिड्डियां उड़ीं और रंगीन अफवाहें
चींखती हुई चीं-चीं
'दुश्चरित्र महिलाएं, दुश्चरित्र
महिलाएं—
किन्हीं सरपरस्तों के दम पर फूली फैली
अगरधत्त जंगली लताएं!
खाती-पीती, सुख से ऊबी
और बेकार बेचैन, आवारा महिलाओं
का ही
शगल हैं ये कहानियां और कविताएं...।
फिर ये उन्होंने थोड़े ही लिखी हैं।'
(कनखियां इशारे, फिर कनखी)
बाकी कहानी बस कनखी है।
हे परमपिताओं,
परमपुरुषों-
बख्शो, बख्शो, अब हमें बख्शो!

अनुवाद

लोग दूर जा रहे हैं—
(हर कोई हर किसी से दूर)—
लोग दूर जा रहे हैं
और बढ़ रहा है
मेरे आस-पास का 'स्पेस'!

इस 'स्पेस' का अनुवाद
'विस्तार' नहीं, 'अंतरिक्ष' करूंगी मैं,
क्योंकि इनमें मैंने
उड़नतश्तरी छोड़ रखी है।

समय का धन्यवाद
कि मेरी घड़ी बंद है,
धन्यवाद खिड़की का
कि ऐन उसके सीखचों के पीछे
गर्भवती है चिड़िया!
जो भी जहां है—सबका धन्यवाद
कि इस समय मुझमें सब है,
सबमें मैं हूं थोड़ी-थोड़ी!

भांय-भांय बजाता है हारमोनियम
मेरा खाली घर!
इस 'खाली' समय में
बहुत काम है।

अभी मुझे घर की उतरनों का
अनुवाद करना होगा
जल की भाषा में
फिर जूठी प्लेटों का
किसी श्वेत पुष्प की पंखुडियों में

अनुवाद करूंगी में।
फिर थोड़ी देर खड़ी सोचूंगी
कि एक झाग भरे सिंक का
क्या मैं कभी कर सकूंगी
किसी राग में अनुवाद

दरअसल इस पूरे घर का
किसी दूसरी भाषा में
अनुवाद चाहती हूं मैं,
पर वह भाषा मुझे मिलेगी कहां
सिवा उस भाषा के
जो मेरे बच्चे बोलते हैं?

इसमें ही हो जाएगी शाम,
और इस शाम का अनुवाद
इतना ही करूंगी कि उठूंगी—
खोल दूंगी पर्दे!
अंतिम उजास की छिटकी हुई किर्चियां
पल-भर में भर देंगी
सारा-का-सारा स्पेस
और फिर उसका अनुवाद
'अंतरिक्ष' नहीं, 'विस्तार' करुंगी मैं—
केवल विस्तार!

दरवाजा

मैं एक दरवाजा थी
मुझे जितना पीटा गया,
मैं उतना खुलती गई।
अंदर आए आने वाले तो देखा—

चल रहा है एक वृहत्चक्र—
चक्की रुकती है तो चरखा चलता है,
चरखा रुकता है तो चलती है कैंची-सुई,
गरज यह कि चलता ही रहता है
अनवरत कुछ-कुछ!
...और अन्त में सब पर चल जाती है झाड़ू—
तारे बुहारती हुई,
बुहारती हुई पहाड़, वृक्ष, पत्थर—
सृष्टि के सब टूटे-बिखरे कतरे जो
एक टोकरी में जमा करती जाती है
मन की दुछत्ती पर!

मौसियां

वे बारिश में धूप की तरह आती हैं—
थोड़े समय के लिए और अचानक
हाथ के बुने स्वेटर, इंद्रधनुष, तिल के लड्डू
और सधोर की साड़ी लेकर
वे आती हैं झूला झुलाने
पहली मितली की खबर पाकर
और गर्भ सहलाकर
लेती हैं अंतरिम रपट
गृहचक्र, बिस्तर और खुदरा उदासियों की!
झाड़ती हैं जाले, संभालती हैं बक्से
मेहनत से सुलझाती हैं भीतर तक उलझे बाल
कर देती हैं चोटी-पाटी
और डांटती भी जाती हैं कि री पगली तू
किस धुन में रहती है
कि बालों की गांठें भी तुझसे

ठीक से निकलती नहीं।
बालों के बहाने वे गांठें सुलझाती हैं जीवन की
करती हैं परिहास सुनाती हैं किस्से
और फिर हंसती-हंसाती
दबी-सधी आवाज में
बताती जाती हैं

चटनी-अचार-मूंगबड़ियां और बेस्वाद संबंध
चटपटा बनाने के गुप्त मसाले और नुस्खे—
सारी उन तकलीफों के जिन पर
ध्यान भी नहीं जाता औरों का।
आंखों के नीचे धीरे-धीरे
जिसके पसर जाते हैं साए
और गर्भ से रिसते हैं महीनों चुपचाप—
खून के आंसू-से,
चालीस के आसपास के अकेलेपन के उन
काले-कत्थई चकत्तों का
मौसियों के वैद्यक में
एक ही इलाज है—
हंसी और कालीपूजा और पूरे मोहल्ले की
अम्मागिरी।

बीसवीं शती की कूड़ागाड़ी
लेती गई खेत से कोड़कर अपने
जीवन की कुछ जरूरी चीजें—
जैसे मौसीपन, बुआपन,
चाचीपंथी, अम्मागिरी मग्न
सारे भुवन की।

बेजगह

"अपनी जगह से गिर कर
कहीं के नहीं रहते
केश, औरतें और नाखून"—
अन्वय करते थे किसी श्लोक का ऐसे
हमारे संस्कृत टीचर।
और मारे डर के जम जाती थीं
हम लड़कियां
अपनी जगह पर!

जगह ? जगह क्या होती है ?
यह, वैसे, जान लिया था हमने
अपनी पहली कक्षा में ही!
          याद था हमें एक-एक क्षण
          आरंभिक पाठों का—
"राम, पाठशाला जा!
राधा, खाना पका!
राम, आ बताशा खा!
राधा, झाड़ू लगा!
भैया अब सोएगा,
जाकर बिस्तर बिछा!
अहा, नया घर है!
राम, देख यह तेरा कमरा है!
'और मेरा ?'
'ओ पगली,
लड़कियां हवा, धूप, मिट्टी होती हैं
उनका कोई घर नहीं होता!"

जिनका कोई घर नहीं होता—
उनकी होती है भला कौन-सी जगह?
कौन-सी जगह होती है ऐसी
जो छूट जाने पर
औरत हो जाती है

कटे हुए नाखूनों,
कंघी में फंस कर बाहर आए केशों-सी
एकदम से बुहार दी जाने वाली?

घर छूटे, दर छूटे, छूट गए लोग-बाग,
कुछ प्रश्न पीछे पड़े थे, वे भी छूटे!
छूटती गई जगहें

लेकिन कभी भी तो नेलकटर या कंघियों में
फंसे पड़े होने का एहसास नहीं हुआ!

परंपरा से छूट कर बस यह लगता है—
किसी बड़े क्लासिक से
पासकोर्स बीए के प्रश्नपत्र पर छिटकी
छोटी-सी पंक्ति हूं—
चाहती नहीं लेकिन
कोई करने बैठे
मेरी व्याख्या सप्रसंग!

सारे संदर्भों के पार
मुश्किल से उड़ कर पहुंची हूं,
ऐसे ही समझी-पढ़ी जाऊं
जैसे तुकाराम का कोई
अधूरा अभंग!

सेफ्टी पिन

श्रीमती सावित्री पाठक की
लाल काँच की चूड़ियों से
पेंडुलम की तरह लटका
लगातार डोलता ही रहता था
एक जंगाया सा सेफ्टी पिन!
इमर्जेंसी वार्ड में
डॉक्टर की जो हैसियत होती है—
सावित्री पाठक के हौड़ाए वस्तु जगत में
इस सेफ्टी पिन की वही हैसियत थी!
क्या जाने कितनी आपात्कालीन स्थितियां
उसने संभाली थीं एकदम अकेले!
सात-पांच पर आनी है
बच्चे की बस—
अंत समय में दीखा—
टूटी है पैंट की बकल-सेफ्टी पिन हाजिर!
जहां कहीं कुछ टूटा,
जहां कहीं कुछ छूटा—
स्टील की एक छोटी पुलिया-सा
तन जाता था बीचोंबीच कहीं बेचारा—
अच्छे स्वभाव की सब खूबी-खामियों के साथ!
सब्जी की डलिया लटकाकर
शरमाती हुई जब निकलती थीं
श्रीमती पाठक सड़क पर—
आंचल और ब्लाउज के बीच भी—
दृढ़चरित्र—रहता था टंका हुआ
उनका दुलरुआ!
मंडी में

आलू से कहती थी गोभी—
''इस औरत का क्या नाम है?
कोई कभी साथ इसके नहीं दीखता है!''
''अटल, मगर लुका-छुपा—
एक साथ है इसका''—
आलू धीरे से कहता था—
''शाम सुबह और रात-दिन
क्या जाने कौन एक
खूब विशाल-सा सेफ्टीपिन
एक साथ नत्थी किए रखता है इसकी
यह दुनिया, वह दुनिया,
धरती और आसमां!
तकलीफें-उम्मीदें,
आस्थाएं और बगावतें
इसी बड़े-से सेफ्टी पिन में गुंथी हुई
झूलती हैं इसके इजारबंद से धीरे-धीरे—
देती हुई दस्तक—
इसकी बहुत गहरी
और भंवर-सी अतल नाभि पर!''

जुएं

किसी सोचते हुए आदमी की
आंखों-सा नम और सुंदर था दिन।
पंडुक बहुत खुश थे
उनके पंखों के रोएं
उतरते हुए जाड़े की
हल्की-सी सिहरन में
उत्फुल्ल थे।

सड़क पर निकल आए थे खटोले।
पिटे हुए दो बच्चे
गले-गले मिल सोए थे एक पर—
दोनों के गाल पर ढलक आए थे
एक-दूसरे के आंसू।
"औरतें इतना काटती क्यों हैं ?"
कूड़े के कैलाश के पार
गुड्डी चिपकाती हुई लड़की से
मंझा लगाते हुए लड़के ने पूछा—
"जब देखो—काट-कूट, छील-छाल, झाड़-झूड़—
गोभी पर, कपड़ों पर, दीवार पर
किसका उतारती है गुस्सा?
हम घर के आगे हैं कूड़ा—
फेंकी हुई चीजें भी
खूब फोड़ देती हैं भांडा
घर की असल हैसियत का!
लड़की ने कुछ जवाब देने की
जरूरत नहीं समझी
और झट से दौड़कर
बैठ गई उधर
जहां जुएं चुन रही थीं सखियां
एक-दूसरे के छितराए हुए केशों से—
नारियल का तेल चपचपाकर—
दरअसल
जो चुनी जा रही थीं—
सिर्फ जुएं नहीं थीं—
घर के वे सारे खटराग थे
जिनसे भन्नाया पड़ा था उनका माथा।
क्या जाने कितनी
शताब्दियों से

चल रहा है यह सिलसिला
और एक आदि स्त्री
दूसरी उतनी ही
पुरातन सखी के
छितराए हुए केशों से
चुन रही है जुएं,
सितारे और चमकुल!!

भिन्न

मुझे भिन्न कहते हैं—
किसी पांचवीं कक्षा के क्रुद्ध बालक की
गणित-पुस्तिका में मिलूंगी—
एक पांव पर खड़ी—डगमग!
मैं पूर्ण इकाई नहीं—
मेरा अधोभाग
मेरे माथे से जब भारी पड़ता है—
लोग मुझे मानते हैं ठीक-ठाक,
अंगरेजी में 'प्रॉपर फ्रैक्शन'!
अगर कहीं गलती से
मेरा माथा
मेरे अधोभाग से भारी पड़ जाता है—
लोगों के गले यह नहीं उतरता
और मेरे माथे पर बट्टा लग जाता है—
'इंप्रॉपर फ्रैक्शन' का!
क्या माथा अधोभाग से भारी होना
इतना अनुचित है—मेरे मालिक, मेरे आका?
क्या इससे मेरी बढ़ जाती है दुरूहता?
कितने बरस अभी और रहेंगे आप
इसी पाँचवीं कक्षा के बालक की मनोदशा में—

लगातार मुझे काटते-छांटते,
गोदी में मेरी
नन्हीं इकाइयां बिठाकर
वही लंगड़ी भिन्न बनाते—
तीन होल नंबर, फलां बटा फलां?
कब तब बंटना, कब तक छंटना—
देखिए मुझे अपने अंतिम दशमलव तक
—फिर कहिए, क्या मैं बहुत भिन्न हूं आपसे?

एक औरत का पहला राजकीय प्रवास

वह होटल के कमरे में दाखिल हुई!
अपने अकेलेपन से उसने
बड़ी गर्मजोशी से साथ मिलाया!
कमरे में अंधेरा था।
घुप्प अंधेरा था कुएं का
उसके भीतर भी!
सारी दीवारें टटोलीं अंधेरे में,
लेकिन 'स्विच' कहीं नहीं था!
पूरा खुला था दरवाजा,
बरामदे की रोशनी से ही काम चल रहा था!
सामने से गुजरा जो 'बेयरा' तो
आर्त्तभाव से उसे देखा!
उसने उलझन समझी, और
बाहर खड़े-ही-खड़े
दरवाजा बंद कर दिया!
जैसे ही दरवाजा बंद हुआ,
बल्बों में रोशनी के खिल गए सहस्त्रदल कमल!
"भला बंद होने से रोशनी का क्या है रिश्ता?"

उसने सोचा।
डनलप पर लेटी,
चटाई चुभी घर की
अंदर कहीं—रीढ़ के भीतर!
तो क्या एक राजकुमारी ही होती है हर औरत?
सात गलीचों के भीतर भी
उसको चुभ जाता है
कोई मटरदाना आदिम स्मृतियों का?
पढ़ने को बहुत-कुछ धरा था,
पर उसने बांची टेलीफोन तालिका
और जानना चाहा
अंतरर्राष्ट्रीय दूरभाष का
ठीक-ठाक खर्चा।
फिर अपनी सब डॉलरें खर्च करके
उसने किए तीन अलग-अलग कॉल!
सबसे पहले अपने बच्चे से कहा—
''हलो-हलो, बेटे—
पैकिंग के वक्त...सूटकेस में ही तुम ऊंघ गए थे कैसे...
सबसे ज्यादा याद आ रही है तुम्हारी—
तुम हो मेरे सबसे प्यारे!''
अंतिम दोनों पंक्तियां अलग-अलग उसने कहीं
ऑफिस में खिन्न बैठ अंट-शंट सोचते अपने प्रिय से,
फिर चौके में चिंतित, बर्तन खटकती अपनी मां से!
...अब उसकी हुई गिरफ्तारी।
पेशी हुई खुदा के सामने
कि इसी एक जुबां से उसने
तीन-तीन लोगों से कैसे यह कहा—
''सबसे ज्यादा तुम हो प्यारे!'' यह तो सरासर है धोखा—
सबसे ज्यादा माने सबसे ज्यादा!

लेकिन खुदा ने कलम रख दी,
और कहा—"औरत है, उसने यह गलत नहीं कहा!"

सार्वजनिक चौका

रिक्शावालों को पुकारते हैं 'रिक्शा',
साधक की साध्य से ऐसी तल्लीन एकात्मता
बिरले ही मिलती हैं धर्मशास्त्रों में भी!
बहुत सारे रिक्शे
झुंड बनाके
जिस पीपल के नीचे सुस्ताते थे—
वहीं बेचती थी
खेसारी के साग की कचरी-घुघनी
रमावती नाइन।
औरत नहीं थी, वह इंद्रधनुष थी!
लाल नेलपॉलिश, पीली साड़ी,
नीली अंगिया और चूड़ियां हरी,
लौंग झक् सफेद और चमकीली हंसुली,
भूरी चमड़ी, टिकुली बैंगनी—
इंद्रधनुष तक से कुछ ज्यादा ही रंगीन
थे उसके सपने भी!
व्यस्त वह इतना रहती थी
जितना रहता है मिनिस्टर दौरे पर—
क्षण में इधर, क्षण में उधर।
सुबह-सुबह तेल और उबटन,
मेहंदी और आलता लगाने वह जाती थी
अपनी विशाल 'कॉस्टिच्यूएंसी' के हर एक घर में
जहां वृद्धाएं और नई बहू-बेटियां
सारी घरेलू कूटनीतियां

अलग-अलग शिविरों में
उससे ही बांटा करती थीं!
सब पर वह देती थी 'एक्सपर्ट ओपिनियन'—
पर राज सबके दफन रखती थी अपने सीने में!
अगम कुआं था पेट रमावती नाइन का—
कस्बे के सारे रहस्य
रस्सी से छूट गिरे
मटके के टुकड़ों-से
आपस में मिल-जुलकर रहते थे
उसके अंधेरे तल में!
पति एक था उसका, प्रेमी थे पांच—
बच्चे छह, मुर्गी और बकरियां सात,
निंदक उतने जितने तारे और प्रशंसक भी बहुत
सारे!
फिर भी वह एकदम अकेली थी।
हर रिश्ते में, वैसे, बालू थी, मिट्टी थी—
लेकिन उसका मन था इतना जिद्दी पौधा—
कि कहीं लगता ही नहीं था।
विवादों का चूल्हा
रखती थी जला हुआ वह
एक अजब आग से
जो कभी उसकी
आंख में दमक उठता था 'दप' से
और नसों में तो लगातार
रहता था जरा-जरा सुलगा-सा।
शाम तलक
उसकी बड़ी परात में

एकाध ही बचती थी कचरी—वह भी ठंडी और
किनारों से टूटी—

उसको ही टूंगती हुई सोचती थी वह—
'इतनी जल्दी आखिर कैसे थक जाती हूं?
क्या मेरी भी अब कुछ उमर हुई?
सब तारों से जो अलहदा पड़ा है—
वह चांद तो लेकिन मुझसे भी बड़ा है,
उससे ही करती हूं दोस्ती।'
बालू जो उसकी आंखों में थी—
शायद उस तट का पता जानती थी—
जिस पर वह गले-गले
मिल लेगी/अपनी उम्मीदों से
कभी एक दिन ऐसे
जैसे कि दुविधा के मारे हुए मन में
मिलते हैं निश्चय-अनिश्चय।

पहली पेंशन

श्रीमती कार्लेकर
अपनी पहली पेंशन लेकर
जब घर लौटीं—
सारी निलम्बित इच्छाएं
अपना दावा पेश करने लगीं!
जहां जो भी टोकरी उठाई—
उसके नीचे छोटी चुहियों-सी
दबी पड़ी दीख गई कितनी इच्छाएं!
श्रीमती कार्लेकर उलझन में पड़ीं!
क्या-क्या खरीदें,
किससे कैसे निबटें!!
सूझा नहीं कुछ तो झाड़न उठाई—
झाड़ आईं सब टोकरियां बाहर,

चूहेदानी में इच्छाएं फंसाईं
(हुलर-मुलर सारी इच्छाएं),
और कहा कार्लेकर साहब से—
"चलो जरा, गंगा नहा आएं!"

चौका

मैं रोटी बेलती हूँ जैसे पृथ्वी।
ज्वालामुखी बेलते हैं पहाड़।
भूचाल बेलते हैं घर।
सन्नाटे शब्द बेलते हैं, भाटे समुदंर।
रोज सुबह सूरज में
एक नया उचकुन लगाकर,
एक नई धाह फेंककर
मैं रोटी बेलती हूँ जैसे पृथ्वी।
पृथ्वी—जो खुद एक लोई है—
सूरज के हाथों में—
रख दी गई है
पूरी-की-पूरी ही सामने
कि लो, इसे बेलो, पकाओ,
जैसे मधुमक्खियां अपने पंखों की छांह में
पकाती हैं शहद।
सारा शहर चुप है,
धुल चुके हैं सारे चौकों के बर्तन।
बुझ चुकी है आखिरी चूल्हे की राख भी,
और मैं
अपने ही वजूद की आंच के आगे
औचक हड़बड़ी में

खुद को ही सानती,
खुद को ही गूंधती हुई बार-बार
खुश हूँ कि रोटी बेलती हूँ जैसे पृथ्वी।

अयाचित

मेरे भंडार में
एक बोरा 'अगला जनम',
'पिछला जनम' सात कार्टन
रख गई थी मेरी मां।
चूहे बहुत चटोर थे,
घुनों को पता ही नहीं था
कुनबा सीमित रखने का नुस्खा
..सो सबने मिल-बांटकर
मेरा भविष्य तीन चौथाई
और अतीत आधा
मजे से हजम कर लिया।
बाकी जो बचा,
उसे बीन-फटककर मैंने
सब उधार चुकता किया,
हारी-बीमारी निकाली
लेन-देन निबटा दिया।
अब मेरे पास भला क्या है?
अगर तुम्हें ऐसा लगता है
कुछ है जो मेरी इन हड्डियों में है अब तक
मसलन कि आग,
तो आओ,
अपनी लुकाठी सुलगाओ।

रिश्ता

वह बिलकुल अनजान थी!
मेरा उससे रिश्ता बस इतना था
कि हम एक पंसारी के गाहक थे
नए मुहल्ले में।
वह मेरे पहले से बैठी थी—
टॉफी के मर्तबान से टिककर
स्टूल के राजसिंहासन पर!
मुझसे भी ज्यादा
थकी दीखती थी वह
फिर भी वह हँसी!
उस हंसी का न तर्क था,
न व्याकरण,
न सूत्र,
न अभिप्राय!
वह ब्रह्म की हंसी थी।
उसने फिर हाथ भी बढ़ाया,
और मेरी शॉल का सिरा उठाकर
उसके सूत किए सीधे
जो बस की किसी कील से लगकर
भृकुटि की तरह सिकुड़ गए थे।
पल भर को लगा—उसके उन झुके कंधों से
मेरे भन्नाए हुए सिर का
बेहद पुराना है बहनापा।

नीलेश रघुवंशी

उदासी

एक ही बात दोहराती हूं बार-बार
मैं उदास बहुत हूँ।

बार-बार दोहराने से बेहतर है
बदल देना चाहिए उदासी को उजाले में।

चाय की पत्ती की तरह
बदल देना चाहिए उदासी को स्वाद में।
घुल जाने देना चाहिए शक्कर के दानों की तरह।

पोंछें की तरह रगड़ देना चाहिए उदासी को
चमकने देना चाहिए मन को उजले फर्श की तरह।
बदल देना चाहिए उदासी को साबुन में।

उदासी-उदासी-उदासी
बस्स बहुत हो गई उदासी
पुराने पड़ गए कपड़ों की तरह
उदासी को बेच कर—
नए चमचमाते बर्तन खरीद लेना चाहिए।
अनार के दानों की तरह
चमकने देना चाहिए उदासी को।

टेलीफ़ोन पर पिता की आवाज़

टेलीफ़ोन पर
थरथराती है पिता की आवाज़
दिए की लौ की तरह कांपती-सी।

दूर से आती हुई
छिपाए बेचैनी और दुख।

टेलीफ़ोन के तार से गुज़रती हुई
कोसती खीझती
इस आधुनिक उपकरण पर।

तारों की तरह टिमटिमाती
टूटती-जुड़ती-सी आवाज़।

कितना सुखद
पिता को सुनना टेलीफोन पर
पहले-पहल कैसे पकड़ा होगा पिता ने टेलीफ़ोन।

कड़कती बिजली-सी पिता की आवाज़
कैसी सहमी-सहमी-सी टेलफ़ोन पर।

बनते-बिगड़ते बुलबुलों की तरह
आवाज़ पिता की भर्राई हुई
पकड़े रहे होंगे
टेलीफ़ोन देर तक
अपने ही बच्चों से
दूर से बातें करते पिता।

हंडा

एक पुराना और सुंदर हंडा
भरा रहता जिसमें अनाज
कभी भरा जाता पानी
भरे थे इससे पहले सपने।

वह हंडा
एक युवती लाई अपने साथ दहेज में
देखती रही होगी रास्ते भर
उसमें घर का दरवाज़ा।
बचपन उसमें अटाटूट भरा था
भरे थे तारों से डूबे हुए दिन।

नहीं रही युवती
नहीं रहे तारों से भरे दिन
बच नहीं सके उमंग से भरे सपने।
हंडा है आज भी
जीवित है उसमें
ससुराल और मायके का जीवन
बची है उसमें अभी
जीने की गंध
बची है स्त्री की पुकार
दर्ज है उसमें
किस तरह सहेजती रही वह घर।
टूटे न कोई
बिखरे न कोई
बचे रह सकें मासूम सपने
इसी उधेड़बुन में
सारे घर में लुढ़कता फिरता है हंडा।

इस समय

एक कोने में
बिल्ली अपने बच्चों को दूध पिला रही है।
छोटे-छोटे बच्चे और बिल्ली सटे हुए हैं आपस में
मुश्किल हैं उन्हें गिनना।

एक औरत
पेड़ में रस्सी का झूला डाल
झुला रही है बच्चे को।
साथ-साथ बच्चे के औरत भी जा रही है धीरे-धीरे नींद में।

इस समय
एक पत्ता भी नहीं खड़कना चाहिए।

हिंदीतर भारतीय कविता

तेलुगू

कल्पना रेंटाला

I am @

I am wanted...
बस्स...you have one new message...
सर्च...क्लिक...सर्च...क्लिक...
अवशेषों की खोज
छूटी हुई यादों का शिकार
तब फिर जैंडर, भाषा, लज्जा
मूल्यों, वस्त्रों को, सब को
ड्राप दि कर्टेन!

मौन के लिए भाषा की जरूरत है
पर बात करने के लिए
मनुष्य ही नहीं, भाषा की भी
जरूरत नहीं है

न देह की चिंता...न देश की परवाह...
स्क्रीन पर फैले मोह में से
उभर आती हैं सोलह हजार छवियां
सभी अयोजनाएं हैं!
तो क्या हुआ?
बहुत अच्छी लगती हैं?
सभी तुम्हारी, सिर्फ़ तुम्हारी ही गुड़ियां हैं
न बोलती हैं, न झगड़ती हैं
न दुख देती हैं, न तंग करती हैं, न सताती हैं

कंडोम्स, पिल्स की तो झंझट ही नहीं
तेरह के इधर या उधर, कोई समस्या नहीं
सेफेस्ट सेक्स!
आओ सामूहिक पतियो! आओ!
I am connected,
I am at the rate of...

(अनुवाद : **शांता सुन्दरी**)

मराठी

सिसिलिया कार्व्हालो

दो कविताएं

(1)

गठिया से दुखती उंगलियों पर
उम्मीद रख कर आयोडेक्स मलने जैसे निरर्थक
इस सालते अपने मन पर मैं
कविता चुपड़ना चाहती हूं फिर
सब के प्रति कड़वा गुस्सा भर आता है...
इस लादे हुए औरतपन पर घृणा करते-करते
क्यों संभालने लगती हूं अपने कंधे का पल्लू?
इस विचार से मैं खुद ही को कोसती हूं
यह भाषा मुझे पराई लगती है
पुरुष की नज़रों की तरह
मेरे अनजाने ही मुझे गढ़ने का हक
भूतकाल के पास गिरवी पड़ा है
इस बात पर भी झुंझलाहट...

इस झुंझलाने का कोई अर्थ नहीं शायद!

फिर भी मुझे दिखाई देती है
यह कविता विराट माया है
पुरुषार्थ को गोद में लिए
स्तनपान कराती हुई।

(2)

अपने पर सारा विश्वास मर जाए तो
हे परमेश्वर,

आत्महत्या का मार्ग बचा कर रख
यह खूबसूरत जिंदगी
एक-दूसरे को कठिन व अशक्य बनाने वाले
इन दिनों में
सारे रिश्ते तोड़ते समय
भीतर शांति तो बनाए रख।
बचा ले अपने लोहारी फेफड़ों से
मेरी बची हुई सांसें
और तख़्ती को कोरा-साफ़ रख
न जन्म लिखने के वास्ते।

(अनुवाद : **अनामिका**)

मैथिली

सुस्मिता पाठक

दर्जा

उम्मीदों के सफर की शुरुआत में ही
वह मुक्त हस्त लेखक
लिख गया
आखिरी मंज़िल की कहानी
जैसे अटूट हौसलों की
फेहरिस्त दीमक चाट जाए
श्रम-संचित हरियाली को
भुक्खड़ कोई बैल
चरता ही चला जाए
अपने का दंभ भरने वाला
अचानक अपरिचित हो जाए।

इस क्षति को नहीं समझा उसने
और
इस सूत्र को मानने के लिए
कर दिया बाध्य
कि जब भाव
अभाव रूप पाता है
तो आदमी
उस कालिख पुते कपड़े का
दर्जा पाता है
जो सिर्फ चूल्हे पर चढ़े
बर्तन पकड़ने
उतारने के काम आता है।

(कवि द्वारा अनूदित) (अनुवाद : केदार कानन)

विभा रानी

सुषुप्तावस्था

इतना उनींदा क्यों है आकाश
सरेशाम सुला देती है ठोंक-ठाक कर
बच्चों को स्त्रियां
और जुट जाती हैं,
चूल्हा, चिनबार, गोठुल्ले में घिसते खुद को
उन के लिए एक ही परिभाषा
शाम हो या सुबह
क्यों है ऐसा
चांद और सूरज से
पूछे इस सवाल के जवाब में
चांद अमावस्या हो गया
और सूर्य राहुग्रस्त
आकाश से पूछा तो
वो कभी भारी हो गया
और कभी असाध्य चुप्पी
बच्चे और स्त्रियां
यूं ही पड़े रह जाते हैं
बिछावन और चिनबार में

(कवि द्वारा अनूदित)

बंगला

नवनीता देवसेन

वापसी मृतात्मा की

तब मेरे कलकत्ता,
  स्वागत करो मेरा,
  तुम्हारा प्रथम प्रेम हूं मैं—
    हूं बचपन की संगिनी
  अभी-अभी गर्भपात में
  खोया है अपना शिशु मैंने—
    अमां—
  बांहें मेरी खाली हैं
  लेकिन भरी है छाती—
  बर्बाद दूध का समुंदर लहराता है वहां—
    नमकीन पानी अपार!

देखो तो—कलकत्ता—
  मेरे माथे पर दमकता है
    फिर से वह मेरा कौमार्य—
  निर्वस्त्र—अस्ताचल के सूरज जैसा!
  छुओ मुझे,, कलकत्ता, छूकर देखो—
  और प्रतीक्षाकातर बांहों में भरकर देखो—
    मेरी नवजात ये मांसपेशियां!
छुमंतर तुम्हारा अकेलापन।
  सुन ली गई तुम्हारी विनती!
  वैसे ही लौटी जैसे तुमने चाहा होगा!
  तब क्यों हो ऐसे अवाक्?

ठुड्डी उठाओ,
मत आंखें चुराओ,
बात करो मुझसे—
लौटी हूं मृत्यु के देश से—
देखो मेरी ओर—
देखो तो—हूं मैं—
कामनाओं का संसार तुम्हारा,
मनज्योत तुम्हारी पुरानी,
तुम्हारी अपनी नवनीता!

(अनुवाद : **अनामिका**)

मलयाली

सावित्री राजीवन

बहाली

शहर में
मेरी बहाली जो जेलर के पद पर हुई है
आकाश से और धरती से
शिक्षकों ने और बुजुर्गों ने आशीर्वाद दिया
बढ़ती जाए क़ैदियों की तादाद
भविष्यवाणियों और शुभेच्छाओं को पूरा करते हुए
इस गर्मी के पीपल के नीचे खड़ी
मैं क़ैदियों की निगरानी करती हूं
स्कूल से लौटे हुए बच्चे की तरह
मैं सारी भाषाएं भूल चुकी हूं
बारिश की ताल
लोरी का राग
दरवाज़े के बाहर हैं
आंगन में झरे हुए फूल
और चिड़ियां
स्मृति के पार हैं।
दिवास्वप्नों और सहानुभूत से भरी आंखें
चश्मे के पीछे सूख चुकी हैं।
कुछ बचा नहीं है खिलने को
खेतों में उगाने को कुछ नया नहीं है
शहर में
मेरी बहाली जेलर के पद पर हुई है।

पहाड़ की चोटी पर एक घर
जलने के लिए एक पड़ोसी

पालने के लिए एक बिल्ला
दिल का सबसे नया मॉडल शो-केस में
नया खरीदा रेफ्रिजरेटर बच्चों की कोमल टांगें और
पति के पंख रखने के लिए

अब
जेल की चाबी रखने के लिए
मैं एक बक्सा बना रही हूं
सात खनों वाला एक बक्सा

शहर में
मेरी बहाली जेलर के पद पर हुई है।

(अनुवाद : **राजेन्द्र धोड़पकर**)

ढलान

चार बजे की तिरछी धूप
खपरैल की छत पर
एक बोलता कव्वा
हस्तरेखाएं देखने वाले ज्योतिषी की-सी आंख वाला
कव्वे के साथ बैठती है उस की छाया भी
तिरछी
आंगन में
एक कांपते हाथ जैसी
नारियल के पत्ते की तिरछी छाया
मेरे कमरे में
खिड़की की सलाख़ों की इकहरी छायाएं
वे भी तिरछी

दरवाज़े के बाहर
चलता एक अजनबी
क्यों उस के कदमों की आवाज़ भी
तिरछी
कव्वे की भविष्यवाणियां
समुद्री हवा की गुनगुनाहट
राह चलते आदमी के कदमों की आवाज़
क्यों सब तिरछे?

मुझे शक होता है
आखिरकार
मेरी मेज़ पर
पृथ्वी अपनी धुरी पर तिरछी
मैं इस पर बैठी हूं सीधी
जब इस तिरछी धरती पर
हर चीज़ तिरछी
क्यों सिर्फ़ मैं
बैठी हूं सीधी?

(अनुवाद : **राजेंद्र धोड़पकर**)

संथाली

निर्मला पुतुल

क्या तुम जानते हो

क्या तुम जानते हो
पुरुष से भिन्न
एक स्त्री का एकांत?

घर प्रेम और जाति से अलग
एक स्त्री को उसकी अपनी ज़मीन
के बारे में बता सकते हो तुम?

बता सकते हो
सदियों से अपना घर तलाशती
एक बेचैन स्त्री को
उसके घर का पता?

क्या तुम जानते हो
अपनी कल्पना में
किस तरह एक ही समय में
स्वयं को स्थापित और निर्वासित
करती है एक स्त्री?

सपनों में भागती
एक स्त्री का पीछा करते
कभी देखा है तुमने उसे
रिश्तों के कुरुक्षेत्र में
अपने-आपसे लड़ते?

तन के भूगोल से परे
एक स्त्री के
मन की गांठें खोलकर
कभी पढ़ा है

तुमने उसके भीतर का
खेलता इतिहास?
पढ़ा है कभी
उसकी चुप्पी की दहलीज पर बैठ
शब्दों की प्रतीक्षा के उसके चेहरे को?

उसके अंदर वंशबीज बोते
क्या तुमने कभी महसूसा है
उसकी फैलती जड़ों को अपने भीतर?

क्या तुम जानते हो
एक स्त्री के समस्त रिश्ते का व्याकरण?

बता सकते हो तुम
एक स्त्री को स्त्री-दृष्टि से देखते
उसके स्त्रीत्व की परिभाषा?

अगर नहीं!
तो फिर क्या जानते हो तुम
रसोई और बिस्तर के गणित से परे
एक स्त्री के बारे में...?

(कवि द्वारा अनूदित)

बिटिया मुर्मू के लिए तीन कविताएं

एक

उठो कि अपने अंधेरे के खिलाफ उठो
उठो अपने पीछे चल रही
साजिश के खिलाफ
उठो कि तुम जहां हो वहां से उठो
जैसे तूफान से बवंडर उठता है
उठती है जैसे राख में दबी चिंगारी
देखो! अपनी बस्ती के सीमांत पर
जहां धराशाई हो रहे हैं पेड़
कुल्हाड़ियों के सामने असहाय
रोज नंगी होती बस्तियां
एक रोज मांगेगी तुमसे
तुम्हारी खामोशी का जवाब

सोचो—
तुम्हारे पसीने से पुष्ट हुए दाने
एक दिन लौटते हैं
तुम्हारा मुंह चिढ़ाते
तुम्हारी ही बस्ती की दुकानों पर
कैसा लगता है तुम्हें जब
तुम्हारी ही चीज़ें तुम्हारी पहुंच से
दूर होती दिखती हैं...

दो

इन सदियों का क्या है
आएंगी...जाएंगी...

क्या अब भी विश्वास
करने लायक बचा है यह समय?
तुम्हारे विश्वास की जड़ें
आखिर कितनी गहरी हैं
समय के द्वारा लगातार
कुतरे जाने के बावजूद
क्या वे पाताल में गई हैं...?
जबकि तुम्हारे हिस्से में
भूख और थकान के सिवा
सिवा एक बेहतर ज़िंदगी की
उम्मीद के
शायद कुछ भी नहीं है...
विडंबना ही है—
कि ईश्वर पर सबसे ज्यादा
कैसे करती हो विश्वास...?

तीन

वे दबे पांव आते हैं तुम्हारी संस्कृति में
वे तुम्हारे नृत्य की बड़ाई करते हैं
वे तुम्हारी आंखों की प्रशंसा में
कसीदे पढ़ते हैं
वे कौन हैं...?
सौदागर हैं वे...समझो...
पहचानो उन्हें बिटिया मुर्मू...पहचानो!
पहाड़ों पर आग वे ही लगाते हैं
उन्हीं की दूकानों पर तुम्हारे बच्चों का
बचपन चीत्कारता है
उन्हीं की गाड़ियों पर

तुम्हारी लड़कियां सब्जबाग देखने
कलकत्ता और नेपाल के बाजारों में
उतरती हैं
नगाड़े की आवाज़ें
कितनी असमर्थ बना दी गई हैं
जानो उसे...।

(कवि द्वारा अनूदित)

कुछ मत कहो सजोनी किस्कू!

बस! बस!! रहने दो!
कुछ मत कहो सजोनी किस्कू!
मैं जानती हूं सब—
जानती हूं कि अपने गांव
बागजोरी की धरती पर
जब तुमने चलाया था हल
तब डोल उठा था
बस्ती के मांझी थान में बैठे देवता का सिंहासन
गिर गई थी पुश्तैनी प्रधानी कुर्सी पर बैठे
मगजहीन मांझी 'हाड़ाम' की पगड़ी
पता है बस्ती की नाक बचाने खातिर
तब बैल बनाकर हल में जोता था
जालिमों ने तुम्हें
खूंटे में बांधकर खिलाया था भूसा

(कवि द्वारा अनूदित)

सिंधी

विम्मी सदारंगाणी

छोटा-सा पीला पोपट

छोटा-सा पीला पोपट
फंस गया है लोगों के बीच
चक्कर खा रहा है
इस सिर से उस सिर तक
और
इस कंधे से उस कंधे तक
हाथ उठा कर हर कोई उसे
दूर भगा रहा है।

अचानक पोपट पीला
मेरे बालों में आ बैठा है
मैं उसे दिलासा देना चाहती हूं
तू बेख़ौफ़ बैठा रह
यहां तुझे कोई नहीं डराएगा।

उसे सहलाने के लिए बढ़ा हुआ मेरा हाथ
मेरा हाथ
लौट कर वापस आ गया
मैं सिर्फ टेढ़ी आंखो से
उसको देखती हूं
और
वह उड़ जाता है।

(अनुवाद : **मोहिनी हिंगोराणी**)

वेटर को बुलाती हूं

चाय का प्याला मैंने
तुम्हारी तरफ़ बढ़ाया
तुमने मेरी ओर नज़र घुमाई
तुम्हारी ठंडी आंखें
मेरे गरम होंठ।
मेरी चाय में बाल कहां से आ गया
तुम चाय नहीं पीओगे
मैं ही पी लेती हूं
तुम्हारे साथ बैठ कर
सिर्फ 'कोल्ड कॉफी' ही पी जा सकती है
मैं 'कोल्ड कॉफी' के लिए
वेटर को बुलाती हूं।

(अनुवाद : **मोहिनी हिंगोराणी**)

हम लुका-छिपी खेलेंगे

जब हिटलर सोया पड़ा होगा
गांधी अपना चरखा चलाने में डूबा होगा
उस समय
हम लुका-छिपी खेल खेलेंगे।

(अनुवाद : **मोहिनी हिंगोराणी**)

तुम उधर से गुज़र चुके होगे

पहाड़ों पर बर्फ़ छाएगी
प्याला भी खनकेगा

दरवाज़े के पीछे खड़ी लड़की
बाहर निकल आएगी

दीवार से उतरते पलस्तर पर
कोई तितली आ बैठेगी

पलंग की चादर पर
रंगीन धागों से कढ़ा घोड़ा
तेज दौड़ लगाएगा
पर जब तक
तुम उधर से गुज़र चुके होंगे।

(अनुवाद : **मोहिनी हिंगोराणी**)

असमिया

रीता चौधरी

जाया

नंगे शरीर की पीड़ा मैं समझती हूं
अंधेरे में
सांप की आंखों की निष्प्रेम रोशनी में
जल जाती है माटी की कोमलता
कितना कठिन, कितना कठिन
यह रात का प्रेम।

गल रही उंगली की तरह
यह अस्वस्थता, फेंक नहीं
सकते कभी शरीर लग्न।

थोड़ा-थोड़ा शरीर
थोड़ी-थोड़ी आत्मा
अजगर के निर्दय बाहुपाश में
विध्वस्त।
अनजाने ही नींद में
अनजाने की क्लांति में
जान कर, न जान कर भी कभी।
लाचार, लाचार
यह ममता नामक अस्वस्थता।
मैं किसी से कह नहीं सकती, क्या देख
चौंक पड़ती हूं अकेले में
क्या देख रो पडती हूं
क्या देख खो बैठती हूं अतीत

क्या देख भुला बैठती हूं सपना
क्या देख घृणा करती हूं, घृणा करती हूं
पृथ्वी से, वसंत से, तितली से, खुशबू से
क्या देख, क्या देख पेड़विहीन माटी।

(अनुवाद : **दिनकर कुमार**)

सुमित्रा गोस्वामी

तलाश

रात का फ़ायदा उठा कर
मैं उसके सीने के दरवाज़े पर दस्तक देती हूं
शिखंडी बनी वह ठिठकी रहती है
लहूलुहान समय के दरवाज़े पर

अंधेरे के मर्मस्पर्शी घोड़े के गले में
रोशनी की घंटी लटका कर रुकी रहती हूं
वह सोने के पात्र में हलाहल किए
प्रेम के देवता को पुकारती है

खेत में, अरण्य में, शहर में प्रेम की छुअन
बहा देना चाहती है लहू दौड़ती धमनी का स्रोत
उसकी मुट्ठी में
आंखों की पुतली में

लटकता रहता है
नींड़ की तलाश कर रहे चमगादड़ के
स्वप्नबीज का शस्य।

(अनुवाद : **दिनकर कुमार**)

सभी कहते हैं

सभी कहते हैं
मैं तो
भिखारिन हूं
किसी ने
एक बार भी पूछ कर देखा है क्या
मेरे सीने में
क्यों है
सूरज की सिसकी

(अनुवाद : **दिनकर कुमार**)

अरूपा बरुआ

खोए हुए हाथ

'दूसरे दर्जे के नागरिक का
कोई अधिकार वैध नहीं होता।'
दासी थी, अच्छी ही थी
एक दिन उन्होंने कहा,
'उठो, तुम्हारी पूजा होगी।'
मेरे दस सशस्त्र हाथ हुए
पदानत हुए असुर
नतशिर हुए अनगिनत लोग
सिंहवाहिनी मैंने गर्व के साथ पूजा स्वीकार की
पांच रातें पांच दिन

एक दिन उन्होंने कहा,
'चलो, तुम्हारा विसर्जन करेंगे।'
उसके बाद मैं निर्वसन हुई
पौवा सेर वज़न कर बेचा गया मेरा गोश्त

दासी से देवी बनने की अवधि में
मानुषी बनने की छूट नहीं होती
इसीलिए मैं नदी बनी, पत्थर और खेत बनी
आग, माटी और आकाश बनी तुम्हारी क़विताओं में
अब
वापस मांगने पर भी वे नहीं देते
मेरे दस खोए हुए हाथ।

(अनुवाद : **दिनकर कुमार**)

तमिल

श्रीमती वेण्णिला

युद्ध बोध

किसी भी युद्ध के बारे में
न सही जानकारी है मुझे
वर्ष वार घटित आक्रमण सविवरण
विनाश, पराजय के बदलते आंकड़े
पाठ्य-पुस्तकों में छप जाने के बाद ही
जनम मेरा हुआ इस गंवई बस्ती में,

उड़ते विमान को समीप से
कर सकी मैं संदर्शन तब
जब पचीस पार सयानी हो चुकी
बम मारू सामरिक विमानों की
न कर पाई मैं कल्पना तक
छोटे-से अंधियारे कमरे में
पली-बढ़ी मैं महसूसने लगी
जंगी मैदानों के बंकरों में सहवास,

न मुस्काते बच्चे
पंख न फड़कते पंखी
चंदा दिखा-दिखा के दुलारती माताएं
मिल सकते हैं क्या समर क्षेत्रों में?

(अनुवाद : **र. शौरिराजन**)

जुलूसी हाथी

अंतरिक्ष साक्षात्कार की एकांत रातों में
अचानक गिरती उलका,
पिछले किसी दिन पिछवाड़े में
पंख गिराकर उड़ चली चिड़िया,
आंगन में बारिश के बहाव में
कागजी नाव तैराने भारी बरसात,
हल्की धूप में
वीथी पर निकल आता जुलूसी हाथी,
सब आकर चले जाते हैं
जब बच्चे छुट्टी पर बाहर गए हैं।

(अनुवाद : **र. शौरिराजन**)

कन्नड़

ममता सागर

मर्दाना प्रेम

फूल की मानिन्द है प्रेम उनका—
आकर्षक, कोमल—किसी पंखुड़ी की तरह,
मदालस कर देती है सुगंध उसकी!
जल्दी ही लेकिन
उतर जाता है उसका रंग!
चोटी में गूंथ इसे सकते हैं—
लेकिन जब ये सूख ही जाए—
इनको उतार फेंकने से गुरेज क्या?

(अनुवाद : **अनामिका**)

पंजाबी

वनिता

मैं शकुंलता नहीं

धर्मब्याह का आधार
अगर अंगूठियां ही हैं
तो हे दुष्यंत, मैं शकुंतला नहीं
जिसे तू भूल जाए
और अपनी याद दिलाने कि लिए
अंगूठी का आश्रय लेना पड़े!
जिसको अपना आप
अपने खास-प्राण बिसर जाएं
तो वस्तुओं का वास्ता?
उफ, कैसी तौहीन है!
यदि अंगूठी के साथ ही
तू मुझे पहचानता है
   तो अच्छा ही है
कि तू मुझे भूला ही रह।
मैं भरत जनूंगी
और भरत जनने के लिए
न ही मुझे उदास-उदास
            मारीच ऋषि के पास जाना है
      न कण्व पिता के पास—
मुझे तो रहम आता है—
      दुर्वासा ऋषि पर भी!
काश, कभी उसने स्मृतियों में ही रंग माने होते—
पर स्मृतियां और प्यार
      वो क्या जाने?

उसे तो अपनी भिक्षा की भूख—
वर या शाप के
लोभ और अहंकार ही काफी हैं!
पर हे दुर्वासा,
मैं तू नहीं
जो वर देगी या शाप!
हे कण्व पिता!
जो दर छोड़ा—
फिर लौटना नहीं,
न ही मारीच पास जाना—
पर हे दुष्यंत—
ये आशा तो
भूलकर भी न रखना
कि अंगूठी को
अपना साक्षी बना के
तुझे अपनी सुगंधियों
या मजबूरियों का
वास्ता दूंगी!
मैं शकुंतला नहीं
जो मजबूरियों का वास्ता दूं,
लेकिन मैं भरत जनूंगी
जिसके लिए
मछली के पेट में से
अंगूठी ढूंढ़के
(उसका पिता ढूंढ़ने के बजाय)
भरत को
मछलियों का आवास—
समुद्र, पिता, पानी, दूंगी—
मां, धरती, दूंगी।

(कवि द्वारा अनूदित)

भारतीय अंग्रेजी कविता

अरुंधती सुब्रह्मण्यम्

परामर्श : चार साल की बच्ची को स्कूल के पहले दिन

(1)

यह पावन-सी स्तुति माला है—
दक्षिणावर्ती हाशिए,
मुंह पर उंगली,
अक्षर सुडौल
(एक भी नहीं जाए रेखा के बाहर)
खूब नुकीली एच बी पेंसिलें,
दो अंगुल स्पेस,
हश्श!

(2)

गुलाब-सफेद लड़कियां
जो कि सत्रांस के नाटक में
भूमिका निभाएंगी परियों की!
आनुपातिक लड़कियां
जो कि परेड में अटपटे कोणों पर
निकली हुई, न नजर आएं!
रेखागणितीय लड़कियां—
हरदम ही लैस
ज्यामिति-बॉक्स से!
गढ़ी हुई लड़कियां
गुस्सैल उद्यानविद जिनके वाक्यों की
करते हैं मैनिक्योर!
गोल घेरा बनाकर

डीमाइनर पर
'शुभ प्रभात' गाने वाली
खूब सुरीली लड़कियां!
मिठबोली लड़कियां—
इतना धीमा बोलने वाली
कि उनका न झुकना
अक्षम्य दीखे!
सींटी-समेटी-सी लड़कियां
जो चार लाइनों की रिपोर्ट कार्ड में
आड़ी-तिरछी नहीं भागें!
पक्षी प्रेमी लड़कियां
जो दिवास्वप्न के मुकाबले
रेन-मार्टिन[1] को ही समझती हैं अच्छा!
सम्माननीयाएं
जो कीटभक्षी फूलों पर
नरगिसों को
दें तरजीह।
लड़कियां घोर यथार्थी
जो जानती हैं कि लड़के हैं
और किसी ग्रह के वासी!
लड़कियां गूंगी-सी
जो जानती हैं कि
कूड़े के भी दिन फिरेंगे कभी!
अब दुहराओ...

(अनुवाद : **अनामिका**)

1. 'रेन' फुदकी चिड़ियां को कहते हैं 'मार्टिन' अबाबील को! अंग्रेजी नाम मैंने अनुवाद में इसलिए बरकरार रखे क्योंकि 'रेन एंड मार्टिन' अंगरेजी व्याकरण की एक प्रसिद्ध किताब के लेखक हैं—इनके वहां होने से अर्थ का एक आयाम और खुलता है : व्याकरणबद्ध, नियमबद्ध होने की विडंबना का अर्थ।

तीस तक

तीस तक
मध्यच्छद
मोटा हो जाता है
आपको दिलाता हुआ याद
उन शिशुओं की
जिनको आकार दे ही नहीं पायीं आप!
'सतोरी' टाली हुई योजना है!
तीस तक
सुबह-सुबह बाथरूम जाते हुए
आने ही लगती है आपको
बास मौत की!
आपको पता होता है—
थोड़ा-सा इंतजार और—
सब के सब बह जाएंगे घूर्णावर्तों में—
सुगंधकातर, छालीदार, प्रेमिल खुसुर-फुसुर,
कल रात की आत्मीय अतर,
अलस्सुबह का वह विश्वास सरल!
तीस तक
संकल्प लेती हैं आप
कि आप रेक्जाविक एयर पोर्ट की
ड्यूटी फ्री दूकान में
नहीं करेंगी खरीदारी।
फिल्म-इतिहास का कोर्स स्थगित
करती हैं अगले जनम तक।
पिघले हुए गुड़ के लिए आयोजित कामना
फिर से लगी है जोर मारने—
यह भी आता है ध्यान में!

तीस तक
मित्रों और प्रेमियों और
स्कूलशिक्षकों के
विश्वासघात पर
थोड़ा-सा मुस्का देती हैं आप!
चालीस तक शायद
सबको ही कर देंगी आप माफ!
तीस तक
आप जान लेती हैं
कि आप चाहती हैं चलना
खमीरित सपनों के ध्वस्त साम्राज्यों से दूर
—खूब प्रशस्त, मानचित्रों के बाहर के
भूखडों तक
जहां कि कदम एक-एक हो कोई
साहसिक-सी यात्रा
और हर कदम अगला
लंगर!

(अनुवाद : **अनामिका**)

लक्ष्मी कन्नन

सात समुंदर का गीत

पिटी हुई, उछाली हुई लहरों पर—
देह उसकी इतनी मुलायम, सुभेद्य
जैसे बदबूदार खारे पानी में
हो शंख कोई
छलछल हलचल लहरों की उस पर—
महंगी पड़ी दोस्ती सागर की—
साटनी लहरों की तह पर तह—
विकट चुन्नटदार!
गुनगुनाती, गुर्राती, सिसकियां मारती लहरें
सहलाती हुई खोदती हैं चकरियां—
करती हैं दर्ज उसके होने की अनुगूंज!
पूरी तरह नम वह आती है जैसे पिघलकर
अपने वजूद के बाहर—
छोड़ती हुई उसको
अपने मोतीदार सोविनियर की तरह—
वो सागर की फर्श पर
दमकता है दम-दम!
धरो कान अपने
इस जीवित शंख के शीर्ष पर—
कर पाओगे ऐसा?
सुनाई पड़ेगी इससे उसकी
न केवल भूरी आवाज—
हल्की पीली, उजली-काली भी
—सात समुंदर के पार से आती हुई उसकी आवाज
सागरों की बेटियां—इनमें से हर एक—एक स्त्री-ऊर्जा की फसल।

(अनुवाद : **अनामिका**)

रुक्मिणी भायानायर

प्रेम

सात साल का भी नहीं मेरा बेटा,
एक दिन बोला—
"बड़ा बुरा गुजरा
स्कूल में मेरा दिन,
छह-छह बच्चे रोए।"
"क्यों आखिर? क्या वे बीमार थे?
टीचर ने डांटा? कौन छह बच्चे?"
त्रिनंजन
इषिता—दो बार इषिता
अर्जुन
जतिन
दरअसल—तीन बार इषिता।
लेकिन मैं बता नहीं सकता तुम को
इस के बारे में।
"अरे क्यों नहीं?"
सारा बखेड़ा यह
शुरू किया नेहा ने,
मैं और राहुल तो भागे—
कैसा घनचक्कर था,
उफ, सब कुछ।"
"घनचक्कर? अम्मा को बता दो, विराज।"
"तुम मुझे डांटोगी। यह ब्रेक की बात है!
टीचर नहीं थी वहां!"
"अच्छा बाबा, नहीं बताओ,
नहीं बताना चाहते तो जरूरी नहीं है बताना!"
वे बात कर रहे थे

प्रेम के बारे में!

''प्रेम के बारे में!''

सात बरस से भी कम का मेरा बेटा

बुतरू-सा दीखता हुआ डर से—

हां, प्रेम के बारे में!

''पर इस में रोने की क्या बात थी

क्यों रोए सब? रोने-धोने को क्या लेना भला

प्रेम से? खुशदिल-सा एहसास है प्रेम, बेटा!''

हे ईश्वर,

कैसे-कैसे झूठ हम बोल देते हैं बच्चों से!

मेरा बेटा, प्रजनन के आदिदेव के नाम पर,

नाम पर आर्य कर्मकांडों के

रखा गया था जिसका नाम,

पहला यह वैदिक पुरुष

मुझे देखता रहा एकटक!

लघुपुच्छ वानर-सी

चम-चम-चमकचम आंखें उसकी

निष्कपट विश्वास से दमकती रहीं!

बोला वह,

नेहा ने कहा कि

त्रिनंजन लोरी से करता है प्यार

और तब त्रिनंजन लगा रोने!

सुवीर को प्यार करती है इषिता!

सब कहते हैं कि वह करती है।

वैसे तो करती है देविका भी

प्यार सुबीर से ही

और इषिता रोने लगी।

दरअसल, त्रिनंजन लोरी से करता है प्यार,

पर लोरी प्यार करती है

त्रिनंजन से,

इसीलिए रोया त्रिनंजन!
''और तुम विराज, तुम किस को करते हो प्यार?''
''तुम जानती हो।''
''नहीं तो, नहीं जानती। किस को?''
नेहा को!
''और नेहा? क्या कोई और उसे करता है प्यार?''
''वह भी मुझे प्यार करती है।''
''खुशकिस्मत हो! कैसे तुम उसे प्यार करते हो?
क्या खेलते हो उसके साथ?
वह खास दोस्त है तुम्हारी?''
''नहीं, बस यूं ही मैं करता हूं प्यार उसे।''
''तुम क्यों नहीं रोए?''
''मैं तो बहादुर था!''
हां, तुम जरूर ही बहादुर थे!
और तुम जानते नहीं
कि अभी और कितना होना होगा बहादुर!
अकेला सफ़र है यह प्यार!
जानना चाहिए तुम्हें कि
तुम आदिपुरुष थे
और तब ये सोचती हूं मैं—
यह चीज कितनी पुरानी है,
कैसी-कैसी लपटें इसकी खातिर सुलगी हैं
कितने मयूरपंखी नृत्य इसने किए हैं आयोजित।
स्कूल के दिन
बंटे हुए पीरियडों और विषयों में—
हिंदी, गणित, अंग्रेजी, भूगोल
और वह कुछ खास ही रहस्यमय—
ई.वी.एस.—
लेकिन वह पूरा तरीका, वह पूरा ज्ञान,
डेस्कों की वे पार्श्व-वीथियां दोहरी,
पंक्तियां छोटी कुर्सियों की,
और इस सब का नतीजा यह कि

एक दोपहरी को
खाने की छुट्टी में
प्रेम चकनाचूर हो कर
बिखर जाता है
दिन के उस अंतराल में
और चलाता है अलग अपनी क्लासें।
एरिक सेगल, एक पूरी पीढ़ी की गलदश्रु भावुकता के भावक,
तुम्हें पता था कि बिलखने की ख़ातिर ही
होता है प्यार,
र्‌यानो नील को
खोना ही पड़ता
साथ अली मैक्ग्रो का
यदि उन का प्यार सच्चा था!
तुम्हें पता था कि दोषारोपण का किस्सा,
अपराध-बोध का फ़साना,
लेकिन यह नहीं जानते थे
कि सारे अफ़साने, सारे रोमांस
जोड़ा बनाने की आदिम प्रवृत्ति से ही
शुरू होते हैं
मंत्रोच्चारों, पाठों, जादू-टोनों-मूठों के साथ!
नेहा ने शुरू किया!
घनचक्कर शुरू हुआ
त्रिनंजन-लोरी, विराज और नेहा,
इषिता-सुबीर, सुबीर और देविका—
क्या सब इस घनचक्कर-सी
भूलभुलैया में
फंसे हैं?
प्रेम
नहीं होता कुछ नहीं कहने के बारे में
यह है कुछ-कुछ कहने,
कुछ-कुछ दिखाने,
बार-बार कहने-दिखाने का किस्सा

—एक विराट, बेचैन
आदिम धुन के साए में!
देखो—वह है रोमियो
अपने गिटार के साथ
और वह चांद साथ निर्लज्ज बैंगनीपन के,
ज्वार पर सवार—और नेहा
पहचान सकते हो नेहा को
अपने उस शौकिया तरन्नुम के साथ
अरे विराज, लौटो, पीछे लौटो
लाल-नितंबी अपनी लंगूर छलांगों के साथ
आहत सियार-पुकारों के साथ
कौड़िल्ला-चिड़िया के
डायनोसियस-नील से लौटो!
त्रासदी का नायक होने की ख़ातिर
बहुत छोटे हो तुम
प्राकृतिक कारणों से मरने की ख़ातिर भी
हो तुम बहुत छोटे
छोटे शब्दातीत ढंग से!
शब्द तक तुमको
फेंक दे सकते हैं चीर कर
यदि सिर्फ वे ही हों पास...।
लेकिन मेरा यह बेटा विराज—
सात से भी कम का है जो आज—
डरता नहीं खतरों से!
है वह बहादुर—
है एकलय
चमकते हुए नग से, धरती की
काली रजाईदार घासों से
वह बन गया है पहला अपना-आप—
तीन हज़ार, बारह हज़ार, महासंख्य बरसों पुरातन।

(अनुवाद : **अनामिका**)

पश्चिम की स्त्री-कविता

पूरब-पश्चिम में साझा क्या है?

दूसरे दौर का स्त्रीवाद किनारों पर सिर पटककर लौट जाने के बजाय एक समुंदर-इरादे का धीरज और गांभीर्य पा गया है। अमरीका, ब्रिटेन और फ्रांस के विश्वविद्यालयों और विमेंस प्रेस आदि अकादमिक गढ़ों के बौद्धिक विमर्शों के पार यह बढ़ आया है तीसरी दुनिया के खेतों-खलिहानों, प्रसूति-गृहों, कारखानों, खदानों, बाजारों, पंचायतों, सड़कों, अस्पतालों, नदी-नालों तक वहां-वहां जहां कोई भी लड़ाई चल रही है, जहां भी मानवाधिकारों का दमन है, जहां भी स्त्री की अस्मिता के प्रश्न खटाई में पड़े हैं। यहां यह भी समझ लेना जरूरी है कि दलितों-अश्वेतों-अपंगों-वृद्धों-बीमारों-विस्थापितों-अनाथों-अल्पसंख्यकों की अस्मिता से भी स्त्री की अस्मिता ऐसी घुली-मिली है कि स्त्री-आंदोलन की व्याख्या किसी अलगाववादी ताकत के रूप में करना अन्याय होगा। 'वृहत्तर वाम' की जो कल्पना अभी विश्व-भर के बड़े चिंतकों के मस्तिष्क में सध रही है, वह अस्मिता-विषयक आंदोलनों को अलगाववादी या प्रतिक्रियावादी कहकर दुत्कार नहीं सकती क्योंकि बाजारवाद सबका साझा दुश्मन है। बड़ी लड़ाइयां 'कभी अकेली लड़ी भी नहीं जा सकतीं।' रिहर्सल के समय 'अपनी-अपनी डफली, अपना-अपना राग' एक आम दृश्य है, पर पर्फोर्मेंस के वक्त अलग-अलग उभरने वाले सुरों का भी एक कोरस ही बनता है।

करीब-करीब इसी दर्शन के तहत उत्तर-उत्तर स्त्रीवाद भारत और चीन में बेटियां जनने या दहेज न लाने के 'अपराध' में जिंदा जला दी गई स्त्रियों, थाइलैंड में एड्स से जूझ रही यौन-कार्मिकों, मुस्लिम देशों में इस्लामी कट्टरवादिता से जूझ रही औरतों, बाजारवाद का शिकार कृषि-प्रधान देशों की उन अवाक् कृषक-बंधुओं और मजदूरिनों के साथ उनके कंधों पर हाथ दिए खड़ा है जिनकी जमीन पर अब और किन्हीं विकसित देशों का जिभचटाक्

खाना (लग्ज़री फूड) उगता है।

अंगरेजी में *द फीमेल युनक* के नाम से एक पुस्तक छपी थी 1970 में! तब स्त्रीवाद के मिजाज और तेवर कुछ और थे! वह पश्चिमोन्मुख ही था फिर भी उसकी तीन सार्वभौम प्रवृत्तियां थीं : 1. लिंग (जेंडर) एक सामाजिक निर्मित (कंस्ट्रक्ट) है, 2. पितृसत्तात्मक व्यवस्था में आचार-संहिताएं चूंकि पुरुषों की बनाई हुई होती हैं, इसलिए पुरुषों के प्रति इनका रवैया पक्षपातपूर्ण होता है, स्त्रियों को विकास के अवसर दिए भी जाते हैं तो कृपापूर्वक, 3. भविष्य का जो लिंग-शोषणमुक्त समाज होगा, उसे गढ़ने में स्त्रियों के कार्यक्षेत्र, प्रेस, प्रजननादि विशेष अनुभवमूलक वृत्तांत और उनकी भाषा तथा शिल्प के स्वतंत्र व्यक्तित्व का विकास बहुत निर्णायक सिद्ध होंगे।

दरअसल राजनीतिक रूप में स्त्रीवादी चिंतन की कहानी शुरू हुई सातवें दशक से। 1961 में जॉन एफ. कैनेडी ने 'कमीशन आफ द स्टेट्स ऑफ विमेन' (महिलाओं की स्थिति पर आयोग) गठित कराया, पर उसकी कार्रवाइयां इतनी कच्छप गति से आगे बढ़ीं कि बेटी फ्रायडन आदि असंतुष्ट महिलाओं के एक समूह ने 'सिविल राइट्स संगठन' और फिर 'नेशनल ऑर्गनाइजेशन फॉर विमेन' गठित कर लिया! यह 1966 की बात है। इसकी ज्यादातर सदस्य सफेद, सफेदपोश, मध्यवर्गीय, कामकाजी महिलाएं थीं और इनकी राजनीति थी 'लिबरल फेमिनिज्म' जिसकी मूल प्रपत्तियां मिल की क्लासिक रचना 'द सब्जेक्शन ऑफ विमेन' से ली गई थीं । इस ग्रंथ में मिल ने बताया था कि भार ढोना आदि कुछ ही गतिविधियां ऐसी हैं जिनमें स्त्रियां पुरुषों से उन्नीस पड़ती हैं—स्त्री और पुरुष के बीच जीवशास्त्रीय विषमताएं अवश्य हैं, पर बौद्धिक और नैतिक क्षमताएं दोनों की बराबर हैं। आगे चलकर उन्होंने कहा कि स्त्री और पुरुष की मानसिक और स्वभावगत जो विशिष्टताएं हैं, वे भी साझे की (Androgynous) हो जानी चाहिएं—पुरुषों में स्त्रियोचित और स्त्रियों में पुरुषेचित गुणों का भी समावेश हो तो व्यक्तित्व आदर्श बनता है, और ऐसा न भी हो, तब भी स्त्रियों को विकास के अवसर बराबर तो दिए ही जाएं।

1963 में, 'इक्वल पे ऐक्ट' पारित हो ही चुका था। मताधिकार की लड़ाई भी जीती जा चुकी थी, 1967 में 'अबोर्शन ऐक्ट' पारित हुआ और उसके बाद से ही हुई स्त्रीवाद के दूसरे चरण की शुरुआत जिसका आग्रह स्त्री के 'देहगत शोषण' के प्रतिरोध पर था और इसकी मुख्य प्रवक्ताओं में

एक हैं जर्मेन ग्रीयर। इनका चिंतन 1968 में टाइग्रेस एटकिंस के नेतृत्व में लिबरल ग्रुप से अलग हुए 'रेडिकल ग्रुप' से मेल खाता है : जो मानता है कि छिटपुट सुधारों से कुछ होने वाला नहीं है! पुरुषों के साथ 'साम-दाम-दंड-भेद' आजमाते जाने से स्त्रियों का दमन नहीं रुक सकता। लड़ाई पुरुष से नहीं पितृसत्तात्मक समाज से होनी चाहिए। योजनाबद्ध ढंग से इसकी एक-एक संख्या (खासकर परिवार, चर्चादि कोई भी धार्मिक निकाय और एकेडेमी) में वैधानिक, राजनीतिक और आर्थिक ढंग के संरचनात्मक परिवर्तन घटित कराए जाने चाहिए, खासकर इस समझ के साथ कि पोर्नोग्राफी, वेश्यावृत्ति, मारपीट, सती, पर्दा, डायन-दहन आदि बहुत सारे शोषणों की आधारभूत चूंकि स्त्री की देह ही है, उस पर उसका पूरा अधिकार होना चाहिए। 'इमेजेस ऑफ विमेन' आंदोलन इन्हीं रेडिकल फेमिनिस्टों का सुलगाया हुआ है! त्यागमयी मातृशक्ति का बिंब ये स्त्रियों के लिए सबसे ज्यादा त्रासद मानती हैं। उनका कहना है कि इसे जरूरत से ज्यादा तूल देकर हर उस स्त्री के मनोबल पर प्रहार किया गया है जो बच्चे जन नहीं सकती या जनना चाहती नहीं और विवाह तथा मातृत्व आदि के बंधन से आजाद रहकर दूसरी तरह का जीवन जीना चाहती हैं! इस चिंतन के समर्थन में जर्मेन ग्रीयर की 'द फीमेल यूनॅक' के पहले एक और रोचक पुस्तक छपी थी—शुलमिथ फायरस्टोन की—*द डायलेक्टिक्स ऑफ सेक्स*। इसमें गर्भधारण को वे आदिम 'बार्बेरिक' कहती हैं और सामान्य प्रसव को 'बहुत हुआ तो जरूरी और सह्य, खराब हुआ तो 'एक कद्दू हगना जैसा' (एट बैस्ट नैसेसरी एंड टालरेबल, एट वर्स्ट लाइक शिटिंग ए पांपकिन) कहती हैं। अपने शुक्राणु या डिंब से जन्मे शिशु के लिए अंधप्रेम भी वे सामाजिक न्याय की दृष्टि से बाधक मानती हैं? उनका कहना है कि किसी तकनीकी कुंडी (टैक्नालाजिकल फिक्स) से गर्भधारण को नियम नहीं अपवाद बना डालना चाहिए।

बाद की रेडिकल फेमिनिस्ट्स इन अतिरेकों से प्रयाण करती हुई इस निष्कर्ष पर पहुंची कि स्त्रियों की गर्भधारण की क्षमता उनके विकास में बाधक नहीं, बाधक है प्रजनन और शिशु-संरक्षण (बीयरिंग एंड रियरिंग) पर पुरुषों का सीधा नियंत्रणण जिसे तोड़ने के लिए स्त्रियों को निम्नांकित सुविधाएं मुहैय्या कराई जाएं : (1) गर्भनिरोध और गर्भपात संबंधी सारे निर्णय उनके

हों, (2) और यह निर्णय भी कि अपने बच्चों को वे अकेली पालना चाहती हैं अथवा पति, मां या अपने अन्य किसी मित्र/रिश्तेदार/हितैषी के सहयोग से या फिर सरकारी/गैर-सरकारी डे-केयर केंद्रों/बेबी सिटर्स आदि की सहायता से।

इसके बाद मनोविश्लेषणवादी, नव-मार्क्सवादी, उत्तर-संरचनावादी, उत्तर उपनिवेशवादी आदि कई धाराएं स्त्रीवादी आंदोलन से जुड़ीं और खूब फली-फूलीं। आज तक फूल-फल रही हैं—पर इन सब में कहीं जर्मेन ग्रीयर आदि रेडिकल फेमिनिस्टों के इस चिंतन का आग्रह काम कर ही रहा है कि स्त्री-शोषण की मुख्य भूमि उसकी देह ही है। स्त्रीवाद के उस दूसरे चरण में 'स्त्रियों का 'आत्म-साक्षात्कार' व्यक्तिवादी राजनीति के रूप में नहीं बल्कि रहस्यमय तिरिया चरित्र (फेमिनिन मिस्टिक) की बद्धमूल धारणा के सार्थक सामूहिक प्रतिरोध के रूप में विकसित किया गया। स्थितिबद्धतावादी कला (साइटेशनिस्ट आर्ट) नयी पत्रकारिकता और स्त्री-लेखन सब एक साथ ही इस ओर प्रतिबद्ध हुए। छठे दशक तक स्त्रीवादी विमर्श की मुख्य चिंता थी स्त्रियों और पुरुषों की लेखकीय ऊर्जाओं के अलग-अलग स्रोतों की पहचान। उसके बाद केट मिलेद, जर्मेन ग्रीयर और मेरी एल्मन ने 'लैंगिक लेखन' का पुनर्पाठ प्रारंभ किया (मिलेट-1970, ग्रियर-1971, ऐन्मन 1968)। यहां स्त्री-संबंधी पूर्वग्रह, निषेध और स्टीरियोटाइप रेखांकित करते हुए यह बताया गया कि कैसे हिस्टीरिया, निष्क्रियता आदि तत्व स्त्री से एकाकार करके साहित्य में प्रतिबिंबित किए गए हैं। इस शृंखला में *द फीमेल यूनॅक* नामक पुस्तक की चर्चा मैं आवश्यक समझती हूं।

द फीमेल यूनक का पहला ही प्रकरण है 'देह' जिसकी कोख में कई छोटे-छोटे परिच्छेद हैं—लिंग, हड्डियां, गोलाइयां, केश, कगाम और कुलच्छनी कोख। छोटी-बड़ी हर तरह की अद्यतन डॉक्टरी जानकारियों के परिदृश्य में औरत की देह का यथार्थ कुछ इस तरह यहां विसंरचित हुआ है कि इससे जुड़े कुछ लोकप्रिय मिथ आप-ही-आप ध्वस्त हो जाते हैं। पुरुष के तय किए हुए स्त्री के दैहिक सौंदर्य-विषयक मानदंड स्त्री को दुर्बल और क्षीण बनाए रखने में किस कदर सहायक हुए हैं—इसके कई दिलचस्प उदाहरण इतिहास से उठाए गए हैं और खासे चुटीले ढंग से उन पर प्रहार भी हुआ है : 'उन्नीसवीं सदी की सुंदरियां तो अपने सबसे नीचे की पसलियां तक निकलवा देती थीं

ताकि वे अपनी कॉर्सेट को और कस सकें।' अधकमाए बकरे के चमड़े और जनाना खिलौने की छिली-चिकनी गंधहीन देह के बीच का एक मध्यमार्ग है साफ-सुथरी, पाली-पोसी गई देह—वह स्त्री की हो या पुरुष की!'

दूसरा प्रकरण 'आत्मा' शैशव से लेकर वृद्धावस्था तक स्त्री की देह से होकर उसकी आत्मा तक छान आने वाले प्रभावों और पूर्वग्रहों का मनोवैज्ञानिक विश्लेषण है! इसमें भी कई छोटे परिच्छेद हैं—'रूढ़िछवि', 'शिशु', 'वय:संधि', 'मनोवैज्ञानिक लफ्फाजी', 'स्त्रीशक्ति', 'कामकाज' आदि। यहां कुछ बहुत ही ठोस व्यावहारिक सुझाव दर्ज हैं जो स्त्री की अस्मिता के स्वतंत्र विकास में सचमुच कारगर हो सकते हैं—संस्मरणों, अनुभूत और पढ़ी-सुनी बातों का इतना सकारात्मक उपयोग स्त्री-विमर्श ही संभव कर सकता था क्योंकि इसका मूल नारा ही है—(पर्सनल इज पोलिटिकल)। बीच-बीच में 'बॉक्स' बनाकर स्त्री-विषयक उद्धरणों का ऐसा सजग पैच-वर्क तैयार किया गया है जो किसी स्त्री के हाथों ही संभव था। 'पैच-वर्क' युगों तक सिलाई-बुनाई-कढ़ाई-कताई और भी कई तरह की उधेड़बुनों को सर्जनशील करने वाली उदार स्त्री-शक्ति की एक प्रिय तकनीक भी तो है!

और सबसे अधिक क्रांतिकारी है 'प्रेम', 'घृणा' और 'क्रांति'-विषयक बद्धमूल धारणाओं की धुनाई। जैसे धुनिया पुरानी रुई धुन-धुनकर उसके रेशों में ताजा हवा की उत्फुल्लता भरता है और गढ़ता है एक नए तरह का 'स्पेस', फिर उस स्पेस में नई तरह की उष्णता की संभावना वह जगाता है रुई के भीतर—वैसे ही रेशा-रेशा धुनी हैं जर्मेन ग्रीयर ने ये बद्धमूल धारणाएं। हमारे यहां फ्रांसिस बेकन की परंपरा में रामचंद्र शुक्ल ने 'प्रेम', 'घृणा' आदि मनोभावों पर कुछ रोचक निबंध लिखे, उनकी याद 'प्रेम', 'घृणा' और 'क्रांति' प्रकण पढ़ते हुए ताजा हो आती है पर लगातार यह ध्यान भी बना रहता है कि कितना अंतर हो जाता है चीजों के तटस्थ, सार्वभौम, सार्वकालिक विश्लेषण और उनके आत्मीय, अनुभवपरक, लिंग-जाति-वर्ग-स्थान सापेक्ष आकलन में! घृणा और प्रेम की सरहदें गड्डमड्ड हो जाती हैं तो कैसा लगता है स्त्री को, दिल को दहला देने वाले ऐसे कई प्रसंग पूरे आवेग और पूरी उत्कंठा के साथ जगह-जगह चित्रित हैं। कुछ उदाहरण पर्याप्त होंगे—''अपने पति के अखबार को ताकती या बिस्तर में उसकी सांसों की आवाज सुनने वाली

गृहिणी का अकेलापन किराए के कमरे में रहने वाली बूढ़ी-कुंवारियों के अकेलेपन से कहीं भयावह है!''

''पुरुष स्त्री को एक बर्तन, एक तरह के मानवीय पीकदान को तरह देखता है जिसमें उसने अपने शुक्राणु उड़ेल दिए हैं, और वितृष्णा से मुंह फेर लेता है।''

''अपनी ही जुराब के फंदे से गला घोंटकर मार डाली गई और बोतलों से बलात्कृत अभागी लड़कियां पुरुषों की वस्तुपूजकता और घृणा की शिकार हैं, लेकिन फिर भी अपने लिंग पर ऐसे किसी बलात्कार के बाद किसी स्त्री ने अब तक यह नहीं पूछा है कि 'तुम लोग हमसे इतनी घृणा क्यों करते हो?' ''

''तुम लोग हमसे इतनी घृणा क्यों करते हो?'' जर्मेन ग्रीयर इसी प्रश्न के अंतर्दृष्टिपूर्ण विश्लेषण के लिए आज विश्व की सबसे ज्यादा पढ़ी जाने वाली स्त्रीवादियों में हैं! शुरू-शुरू की स्त्रीवादियों पर प्रतिपक्षी यह आरोप लगाते थे कि उनमें खासा गुस्सैल, नीरस और उबाऊ स्वर है! यह बात जर्मेन ग्रीयर जैसी स्त्रीवादियों पर कहीं से भी लागू नहीं होती—जीवंतता और पूरी चिंतन-प्रक्रिया से झकझोर देने वाली चकाचौंध इनके वाक्यों को एक अद्भुत प्रकाश-वृत्त प्रदान करती है :

''प्रेमी सिर्फ एक-दूसरे के लिए जीते हैं, बाकी संसार के लिए वे मरे ही होते हैं। मरा हुआ पुरुष अच्छा कर्मचारी होता है और लाल ईंटों के अपने मकबरे में बैठी उसकी मरी हुई पत्नी अपने पिता के घर लौटने का इंतजार करती है ताकि आनुष्ठानिक हत्या का उनका खेल शुरू हो पाए—इससे कोई फर्क नहीं पड़ता कि यह सहला कर होगा या तानों और घूँसों से, क्योंकि जैसा कि अपने खास गैर-जिम्मेदाराना अंदाज में ऑस्कर वाइल्ड ने कहा—हर पुरुष उस चीज को मार डालता है जिससे उसे प्रेम होता है!''

यही महीन ह्यूमर और जीवंतता, तर्कनिष्ठा और गहन विश्लेषणात्मक विवेक *विद्रोही स्त्री* को एक और *स्त्री-सुबोधिनी* होने से बचाता है। कुल मिलाकर बड़ी होती लड़कियों और लगातार हीनता-बोध से ग्रस्त संतप्त औरतों की मेज का एक अनिवार्य पाठ तो वह है ही! स्त्री 'सुबोधिनी' अगर स्त्रियों को 'पालतू' बनने का गुर सिखाती थी, तो यह प्रश्न करने और विद्रोह ठीक से निभा लेने का कौशल विकसित करती है—नई स्त्री को नए क्षितिजों के संधान के लिए ऐसे ही मानचित्र चाहिए।

सिल्विया प्लाथ

अहंमात्रवादी का एकालाप

मैं?
टहलती हूं मैं अकेली।
यह आधी रात की सड़क
लट्टू-सी गोल नाचती है
मेरे कदमों के नीचे!
जब मेरी आंखें खुलती हैं
सपनाते घर लगते हैं सूं-फूं फुफियाने!
मेरे ही झक्की आवेग से
छत पर ऊंचा लटक आता है
वह दिव्य-सा प्याज : चांद!

मैं
सिकुड़ा देती हूं घर-बार,
और ध्वस्त करती हूं पेड़-वेड़!
मेरे ही रूप के पट्टे से
डोर बंधी होती है
कठपुतलीवाले की
जो बिल्कुल नहीं जानता
कि कैसे वे नाचती हैं,
कैसे लेती हैं चुम्मा, कैसे हंसती हैं,
पीकर बहकती हैं कैसे!
वह तो इतना भी वहीं जानता
कि मूंदूँ मैं आंखें
तो उनकी हो जाए
टांय-टांय फिस्स!

मूड मेरा ठीक हो तो

मैं देती हूं
हरीतिमा घास को,
आकाश को नीलिमा
और सूरज को सुनहरापन!
हिमाच्छन्न हो मेरा मन तो मैं
एक निरंकुश ताकत सकदम-सी साध
रंग बहिष्कृत करती हूं सारे,
और मना कर देती हूं
फूलों को खबरदार,
अगर खिले तो....!

मैं जानती हूं
कि मेरे बगल में आकर
तुम भी नजर आते हो चक्-चक्!
मानते नहीं लेकिन तुम
और झट से उग आते हो
मेरे सिर के बाहर—
दावा करते
कि यह जो होता है न—
प्यार—
मांस का सत्यापन
कर देने की हद तक
होता है अगियाबैताल!
इतना तो, खैर, तय है ही कि
सारा यह रूप तुम्हारा,
तुम्हारी बुद्धि—
मेरा उपहार है तुम्हें,
प्यारे!

(अनुवाद : **अनामिका**)

पर्दा

जेड—
पार्श्व का पत्थर,
हरे आदम का आहत पार्श्व!
एक पहेली-सी
मुस्काती हूं मैं,
पैर पर पैर चढ़ाकर—
पारदर्शिताओं की पाली बिठाए!
कितना महत्वपूर्ण!
सूरज पॉलिश करता है ये कंधे कैसे!
और अगर चाँद,
मेरा अथक भाई—मौसेरा—
एकदम जगे
अपनी कैंसरकातर पीलियाओं के साथ—
लगे घसीटने
पेड़ और झाड़-झंखाड़—
छोटे जाल—
छुप जाएं मेरे प्रकट कोने,
चमक उठूं दर्पण की तरह!
ठीक इसी पहलू पर आ पहुंचे दूल्हा—
सरताज आईनों का।
खुद को ही रास्ता दिखाता हुआ भीतर
पर्दों के।
सांस लेती हूं मैं
और मेरा मुंह हिलाता है अपने पर्दे
मेरी आंखें भी तो
पर्दा हैं
इंद्रधनुषों का समुच्चय!
मैं हूं उसकी—

अनुपस्थिति में भी!

गिलाफ में
अपनी असंभावनाओं की—
गोल नाचती हूँ मैं—
अमूल्य, चुपचुप—
पराकीतों, मकाआओ के साथ!
ओ गप्पियो—चटरपटरबाज—
मोर की तरह खोलूंगी
एक ही पंख!
परिचारको होंठ के—
एक बोल जारी करूंगी मैं!
एक लाख अज्ञानी
तोड़ते हुए हवा का झाड़फानूस
सारा दिन
चमकाता है अपना प्रकाश—

परिचारक!
परिचारक!
और अगले ही क्षण ढीलूंगी मैं,
कर दूंगी आजाद
उस जड़ाऊ गुड़िया के भीतर की शेरनी
जिसकी वह रखवाली करता है दिल की तरह—
स्नान की चीख,
छेदों का चोंगा!

(अनुवाद : **अनामिका**)

ऐन सेक्सटन

अपने गर्भाशय का उत्सव

मेरे भीतर के सब लोग एक पक्षी!
मैं अपने सारे पर पटक रही हूं!
वे चाहते थे तुम्हें—
काटकर देना निकाल,
पर वे करेंगे नहीं ऐसा!
उन्होंने कहा कि तुम खाली थे—
अपरिमेयता की सीमा तक,
पर नहीं थे तुम खाली!
उन्होंने कहा कि तुम मरने की हद तक थे बीमार,
लेकिन वे गलत कह रहे थे!
स्कूल की लड़की की मस्ती में
गा रहे हो तुम!
फटे नहीं तुम, यार!
ऐ मिठुआ भार—
उत्सव मनाती हुई
उस औरत का जो मैं हूं
और उस औरत की आत्मा का जो मैं हूं
और केंद्रीय इयत्ता और उसकी खुशी का—
गाती हूं मैं तुम्हारी खातिर!
हिम्मत करती हूँ जी लेने की!
हलो—आत्मा! हलो—कप!
बंधो! ढंक दो! ढंक दो हर उस चीज को
जिसमें कुछ है!
खेतों की मिट्टी-हलो!
जड़ो— स्वागतम् !

हर कोशिका का है
एक कोई जीवन!

एक पूरा राष्ट्र संतृप्त करने के लायक है
यह तो पर्याप्त!
काफी है कि लोगों का इसपर
हो पूरा इख्तियार!
कोई आदमी, कोई भी कॉमनवेल्थ
कहेगा इसके बारे में यही—
"इस साल की खातिर ये ही अच्छा है—
हम रोपें इसे
और फसल कटने का इंतजार करें!
एक कहर की घोषणा हुई है,
टूटा है एक अभिशाप!"
खूब सारी औरतें गा रही हैं मिलकर
इसके बारे में—
एक है जूते के कारखाने में—
कोसती हुई मशीन को!
एक मछलीघर में पाल रही है सील,
एक फोर्ड का पहिया ठीक करती थक गई है,
एक गेट पर है, चुंगी जमा करती,
एक एरिज़ोना में बछड़े का बांध रही है पगहा,
एक रूस में सेलो पसारे हुए बैठी,
एक मिस्त्र के चूल्हे पर बरतन घुमा रही,
एक चांद के रंग से रंग रही है दीवारें शयनकक्ष की!
एक मर रही है—करती हुई याद नाश्ता!
एक थाईलैण्ड में अपनी चटाई पर पसर रही है,
एक धो रही है अपने बच्चे का मलद्वार,
एक ट्रेन की खिड़की से बाहर देख रही है—
और एक है हर जगह,

और सब गा रही हैं मिलकर—
जबकि उनमें कुछ
एक भी सुर नहीं लगा पातीं!
मिठुआ वजन मेरा,
उत्सव मनाती हुई
उस औरत का जो मैं हूं—
दस फीट का एक रुमाल लिए
बढ़ने दो मुझको—
उन्नीस साल की लड़कियों की खातिर
बजाने दो मुझको नगाड़ा,
ले जाने दो चढ़ावा
(यदि वह मेरा हिस्सा है)
पढ़ने दो मुझे
हृदय तंत्री ऊतक
उल्काओं की कोणीय दूरी
मापने दो मुझे।
फूलों की डंठल दो मुझे चूसने
(यदि वह मेरा हिस्सा है)
कुछ आदिवासी प्रतीक मुझे करने दो चिह्नित
(यदि ये मेरा हिस्सा हैं)
इसकी ही खातिर
शरीर....!
गाने दो मुझको
बेरहटिया के भोजन पर,
चुम्मा की खातिर,
ठीक तरह की 'हां' के लिए।

(अनुवाद : **अनामिका**)

मार्च पियर्सी

जीने का अधिकार

औरत नहीं होती
पेड़ नाशपाती का
कि धड़ाधड़ फल ले हर साल—
मूढ़ उर्वरता के आवेग में!
पेड़ नाशपाती के भी
एक साल फलते हैं ठीक से,
फिर एक साल वे करते हैं आराम—
कम-कम ही फलते हुए!

जंगली आवेग पर उतारू
बाग फलों का
टप-टप गिराता है
सड़े हुए फल घास पर,
लेकिन बढ़ जाते हैं पेड़ तो ऊंचे—
हो जाते हैं वे कंटीले भी—!

चालीस फीट की ऊंचाई पर
कांटों के बीच झूलने का
वे चिड़ियों को देते हैं न्योता—
कांटे उग आते हैं खट से
उनके चिकने काठ पर
कैसे तो।

टोकरी नहीं होती औरत
जिसमें कि रोटियां गरम रखो,

न ही वह होती है बच्चा मुर्गी
जिसके नीचे सरका दो मजे से
अंडे बतख के—!

बटुआ भी होती नहीं वह—
जिसमें कि आने वाली पीढ़ियों के
अंड-बीज सुरक्षित रहें—
युद्धों में खर्च हो जाने तक!
बैंक भी नहीं जहां जमा हुई जीनों पर
सूद मिले
और दूषित बारिश में
रोचक मोल-तोल हो
मूल से ज्यादा!
अब आप कानून बना रहे हैं
औरत के फूलने-फलने के
एकसूत्रीय नियंत्रण का!
चाहते हैं आप उपयोग उसकी देह का—
एक चारागार के रूप में!
इतनी है चिंता बच्चों की
कि भूखे नहीं रहें, रोएं नहीं
जब खटने जाएं माताएं,
भरपूर फल खाएं, मरें नहीं खांस-खांस कर,
खाली रहें अनाथाश्रम।
हर दोपहर अच्छे होटल दें गरीब बच्चों को
काठी-कवाब!

इस समय—नौ बजे—
टेक्सस में बिनब्याही मां का
गर्भपात करा रहा है नवसिखुआ डॉक्टर

क्योंकि मेडिएड मिल रहा है उसे!
पांच दिनों के भीतर
मर जाएगी वह टेटनेस से,
उसकी नन्ही बच्ची रोएगी
और भेजी जाएगी कहीं!

अनचाहे बच्चे को भोंक रहे हैं आलपीन
पास के ही घर में मां-बाप!
घंटों वे देंगे सफाई
कि कितना बदमाश था वह और कितना अभद्र।
हममें से हर एक औरत का जाया है!
गर्भ के गुलाब में उसने पिया है
खून अपनी ही मां का,
और हर बच्चे को
अधिकार है प्यार पर इतना
जितना कि अंखुवे का धूप पर!
अनदुलरा हर बच्चा
है एक बिल जो कि
आएगा बीस बरस बाद
सूद-समेत आपके पास—

गुस्सा जिसको चाहिए ही
निशाना,
पीड़ा के बदले की पीड़ा!

दस बरस बाद और
चीखता है बच्चा, गिरती है औरत,
जलते हैं मंदिर-मस्जिद,
आते हैं यान अग्निशामक,
दाबा जाता है बटन

और जल उठती है दुनिया—
भक् से!

कौन पाएगा मुझमें प्रवेश,
कौन होगा मेरा हाड़-मांस—
इसके वरण का अधिकार तो
मेरा ही होगा!
बिना वरण-अधिकार के
होती है कौन राजनीति, फलती है नीति ही कौन?
मैं नहीं हूं तुम्हारी खेती,
न तुम्हारी खान
यूरेनियम की,
न वध के पहले मुटियांता बछड़ा,
न गाय दुही जाने वाली!
एक कारखाने की तरह
नहीं कर सकते
उपयोग मेरा तुम!
पंडे-पुजारी-विधायक
गर्भ में, मेरे, मेरी सोच में,
कोई 'शेयर' नहीं रखते!
यह शरीर मेरा है! देकर मैं ले सकती हूं वापस।
अहस्तांतरणीय डिमांड-ड्राफ्ट है देह मेरी।

(अनुवाद : **अनामिका**)

बलात्कार

बलात्कार और
सीमेंट की ऊंची सीढ़ियों से सीधा नीचे
धकेल दिए जाने में

फर्क है तो इतना
कि पहले में जख्मों का मुंह अंदर भी खुलता है।

बलात्कार और
ट्रक के नीचे आ जाने में
फर्क है तो इतना
कि पहले के बाद
पूछते हैं मर्द कि मजा आया न!

बलात्कार और
तलवे के सर्पदंश में
फर्क है तो इतना
कि पूछते हैं लोग-बाग
कि क्यों फ्रॉक छोटी पहनकर
निकली थी एकदम अकेली?

बलात्कार और
कार का शीशा तोड़ते हुए मुंड
बाहर कर लेने में
फर्क नहीं इसके सिवा
कि उसके बाद आप डरने लगती हैं
कारों से नहीं—आदमीजात से!

भाई का दोस्त ही तो था वह!
सिनेमाघर में बैठा आपके पास
फांकता हुआ पॉपकॉर्न।
फंतासियों पर स्वस्थ मर्द की
मुटाता है
यह बलात्कार—
जैसे पिल्लू कूड़े पर!

भय बलात्कार का
है एक बर्फीली हवा
जो औरत की कुबड़ायी पीठ पर
बहती रहती है हर वक्त—
चीड़ के दरख्तों की छाया में—
बलुआही रस्तों पर—अकेले-अकेले टहलने की सोचना भी मत,
सोचना भी मत चढ़ने की गाड़ी
मुंह में अल्मूनियम बिना दाबे
जब देखो बढ़ा आ रहा है कोई आदमी
तुम्हारी ओर!

तेज, गलाकट-सा रेजर
कभी हाथ में पकड़े बिन तो
सवाल ही नहीं उठता—
दरवाजा खोलो!

झाड़ियों के उन अंधेरे किनारों का भय,
भय गाड़ी की पिछली सीटों और खाली मकानों का
जिसमें की चाभियां खड़-खड़ करती हैं
सांप की चेतावनी-सी!

मुस्काते आदमी का भय
जिसकी कि जेब में हो चाकू,
भय उस गंभीर आदमी का
जिसकी मुट्ठी में है भरपूर नफरत!
अरे भाई, बलात्कारी को चाहिए ही क्या?
देह की एक झलक—
देह जैसे जैक या हथौड़ा या टॉर्च,
जैसे कि कोई मशीनगन,

चाहिए क्या अलावा इसके
—सिर्फ एक भरपूर नफरत—
देह के लिए, आपकी देह या कि समूचे वजूद के लिए,
मांसपेशियों की खातिर नफरत भरपूर
जो मुलायम पड़कर मछली हो जाती हैं!
और आपको करना क्या चाहिए?
जोर से धकेलना ही तो
उस मुलायम और अनजान-सी मांसपेशी के
घुसपैठिए को,
ठंडी मुद्राओं की तोप से
बस धड़ाधड़ दागतें जाने
अजेयता—
पाना, सजा देना साथ-साथ—
मजे से उड़ा देना धज्जी-धज्जी,
और मार डालना उसे
जो प्रेम की खातिर
पत्ती-सी खुली
मुलायम मांसपेशी में
घुसने की सोचे भी!

(अनुवाद : **अनामिका**)

शैरॉन ऑड्स

पहला प्रेमी

किसी सुनसान सड़क पर
गाड़ी लगा देते थे हम
जैसे कि प्रतिबंध तक सरक आए हों संयोगवश!
अंधेरे घर — उनमें परिवार सीलबंद!
सड़क-बत्तियों से बहुत दूर
गाड़ी लगाते थे हम—
नीमरोशनी की धुंधली तरंगें—
बस ये ही कार तक पहुंचती थीं!
अपनी मोटर बंद कर मेरे पास तुम पहुंचते थे
और तुम्हारी बांह में सरक आती थी मैं
जैसे इसके ही लिए हुआ हो मेरा जन्म!
तुम्हारे स्पोर्ट्स जैकेट का गेरुआ अस्तर
मेरी कलाई पर चुभा हुआ—
छोटी कई नदियों का गढ़ता मानचित्र!
जैसे कि एक स्रोत से पानी निकला हो
गड़गड़ धड़धड़—
सामने की सीट में बसी थी—
एक गंध-मर्दाना, मादक ....
तुम-तक मैं लौटती थी ऐसे
जैसे पिता की छाती तक!
गाल पर तुम्हारे लगा रहता था जूठन ब्रेड का,
दांत पर तुम्हारे टार्टर की रहती थी हल्की परत,
लौट-लौट आती थी एक गंध
चित्ते पीतल जैसी
गाड़ी के भीतर

जैसे कि बंधक-घर तक
आयी हो करने दावा पेश उसका
जो मेरा था—
और जब जीभ तुम्हारी
मेरे कंठ तक उतरती थी—
देह की केंद्रीय यंत्री तक—
तुम्हारी सेकेंड हैंड गाड़ी पर
स्ट्रीट लाइट चमकती थी
अधिव्यावसायी के चमकीले गेंद की तरह
और तमाम टोस्टरों से
सिंककर निकल आते थे टोस्ट ऊपर
टुप-टुप
जलतरंग बजने लगते थे दुनिया-भर के
मालिक के आह्वान पर!

(अनुवाद : **अनामिका**)

पोलिश

शिम्बोर्स्का

एक पेलियोलीथिक उर्वरता-फंतासी

मातृदेवी का गायब है चेहरा!
होना ही क्यों चाहिए
मातृदेवी का एक चेहरा?
इसकी जरूरत ही क्या?
देह से वफदारी निभा नहीं पाता है चेहरा!
यह देह की भंग करता है शांति, अदैवी है चेहरा,
यह भंग करता है
देह की गंभीर एकता!
मातृदेवी का चेहरा
है उसका उभरा हुआ पेट—
जिसके है ठीक बीचोंबीच
उसकी अंधी नाभिका।
मातृदेवी के तो पांव भी नहीं हैं।
क्या करना है मातृदेवी को
पांवों का?
जाना ही कहां है उसे?
क्यों जाए आखिर वह
दुनिया-भर के विवरणों के निकट?

उतनी ही दूर गयी है वह
जितना जाना चाहा है दूर!
और अपनी टांट चमड़ी के पीछे से
रखी है आंख कारखानों पर!

तो वहां एक बिलकुल अलग दुनिया? अच्छा है!
अफरात चीजें हैं वहां? वह विपुल है? विपुल तक!
बच्चों को जाना है कहीं? दौड़ना : कूदना है?
कुछ करना है? अद्‌भुत! अद्‌भुत!
अद्‌भुत इतना कि वह हास्यास्पद ढंग से
भरी-पूरी और सच्ची-मुच्ची
खड़ी हुई है अब भी—
सोए हैं जब वे मजे से।
यह दुनिया वर्तमान रहती है
तब भी
जब उनकी पीठ फिरी रहती है।
उनकी तरफ से?
यह तो हद है—यह तो नहीं होना चाहिए!

बांहों के नाम पर
मातृदेवी के हैं
एक जोड़ा नन्हे हाथ—
छाती पर लेटे!
क्यों देना ही चाहिए उनका आशिष—
वरदान जीवन का या फिर उपहार उन्हें—
जिनके है पास खुद इफरात?
उनसे बस इतना ही चाहिए—
धीरज धरें तब तक
जब तक हैं धरती और अकाश—
हां, कोई हादसा गुजरे तो अलग बात है—
हादसे नहीं गुजरते!
गहने की अंतिम हंसी—
सारतत्व पर एक गडमड!

(अनुवाद : **अनामिका**)

पाने-खोने पर एक भाषण

दक्षिण से उत्तर जाते-जाते
मैंने कुछ देवियां खो दीं
और पश्चिम से पूरब आते-आते
खो दिए कुछ देवता।
कुछ तारों को मैंने जाने दिया बाहर—
हरदम की खातिर—
अब उनको ढूंढा नहीं जा सकता!
कुछ द्वीप मुझे लिए-दिए डूब गए।
वे खो गए समुंदर में!
मैंने अपने पंजे छोड़े कहां—
ये भी याद नहीं मुझको!
पता नहीं किसे मिला मेरा रोएंदार कोट,
पता नहीं कौन
रह रहा है मेरे घोंघे में?
भाई-बहन उस दिन ही स्वर्ग सिधारे
जिस दिन मैं निकली
सूखी जमीन की तरफ—
मेरे भीतर की यह इकलौती, छोटी-सी हड्डी
स्मृति है मेरी वार्षिकी की!
मैंने त्वचा छोड़ दी है,
खो दी है अपनी
रीढ़ और पैर-वैर—
छुट्टी कर दी है
अपने दिमाग की—
अकसर ही।
अपनी वह तीसरी आंख कर रखी है बंद मैंने
सब चीजों की तरफ से—

अपने वे मीनपक्ष धो दिए हैं मैंने,
झाड़ दी हैं अपनी शाखें!
खोया-बिखरा छितकाया-सा सब
चार दिशाओं में!
आश्चर्य होता है मुझको खुद—
कितना कम बचा हुआ है—
एक गान प्रथम पुरुष का—
आदमी की देह में उतरा!
अभी-अभी कितना हंगामा
मचा गया है
एक नीली छतरी को लेकर—
जो बस में कल छूटी थी!

कुछ लोग करते हैं कविता पसंद

कुछ लोग—
इसका मतलब—सब नहीं—
ज्यादातर नहीं, सिर्फ थोड़े-से!
स्कूल की बात छोड़ें
जहां कविता करनी पड़ती है पसंद,
और छोड़ें बात कवियों की—
तो संख्या घिर आएगी—
प्रति दो हजार में दो-एक!
लेकिन पसंद का क्या है?
पसंद तो लोग करते हैं
चिकेन नूडल सूप,
तारीफें, नील रंग,
अपना पुराना स्कार्फ,
ढंग अपने,
पालतू कुत्तों को देते जाना थपकी, वगैरह!

कविता—

पर यह कविता है क्या?
एक किसी मरियल उत्तर के सिवा
जो लुढ़कता-पुढ़कता आया
जब प्रश्न यह
पहले-पहल पूछा गया!
और मैं जाने बिना गई रहती—
जोर से पकड़े हुए हैंडरेल।

(अनुवाद : **अनामिका**)

अपनी बहन की तारीफ में

मेरी बहन कविता नहीं लिखती,
और इसकी भी कहीं कोई उम्मीद नहीं
कि वह अचानक कविता लिखने लगेगी!
वह अपनी मां पर गयी है
जो कविताएं नहीं लिखती थीं।
और अपने पिता पर भी—
कविताएं उन्होंने भी नहीं लिखीं!
अपनी बहन की छत के नीचे
महसूस करती हूं खुद को सुरक्षित!
मेरे बहनोई तो मरना पसंद करेंगे
कविता लिखने से ज्यादा!
और हालांकि यह हो रहा है 'पीटर पाइपर' की कथा की तरह
आवृत्तिमूलक—
सच तो यह है कि मेरा कोई रिश्तेदार
कविता नहीं लिखता!
मेरी बहन की मेज की दराजों में
रहती नहीं कविताएं पुरानी!

और नई रहती नहीं बैग में उसके!
जब मेरी बहन कभी मुझको बुलाती है खाने पर—
मैं जानती हूं कि चाहती नहीं वह
कि उसको कविताएं सुनाने लगूं मैं!
निहित स्वार्थों के बगैर ही
स्वादिष्ट होता है सूप बहन का
नहीं छलकती उसकी कॉफी
पांडुलिपियों पर!
कई परिवार मिलेंगे ऐसे
जहां कोई कविताएं लिखता नहीं,
पर एक बार शुरू हो जाए यह तो
मुश्किल है अवरोध!
कभी-कभी पीढ़ियों तक बहती आती है धार—
खतरनाक भंवर बनाती उस जगह
जहां ढहे परिवार-प्रेम!
मेरी बहन ने मौखिक गद्य
किंचित् सफलता से साधा है—
और उसकी समस्त कृति का घेरा हैं
वे पोस्टकार्ट जो
छुट्टियों में वह लिखती है—
लिखती है हर पोस्टकार्ड में
वह इतनी-सी बात—
जब वह लौटेगी—
होगा उसके पास कहने को—
इतना-कुछ!

(अनुवाद : **अनामिका**)

काव्य-पाठ

या तो बनिए बॉक्सर या फिर
दिखाई ही नहीं दीजिए!
हे वाग्देवी, कहां गया वह अपना जनसमुदाय?
दस लोग हैं कमरे में,
आठ कुर्सियां खाली हैं—
और शुरू हुआ चाहता है
यह अपना सांस्कृतिक कार्यक्रम!

आधे चले आए अंदर
क्योंकि बारिश होने ही को थी,
बाकी बस हैं रिश्तेदार! हे वाग्देवी!
औरतें यहां आहों-वाहों से भरी हुई—
लेकिन यह आह-आह बॉक्सरों की खातिर!
यहां तो उन्हें बैठना है—सभ्य और शिष्ट।
एक तरफ है आजकल नर्क, दांते का
और स्वर्ग भी! वाग्देवी!

उफ, होना कवि
बॉक्सर के बदले—
आजीवन खोल-कवच मजबूत रखने की यातना!
मांसपेशियों में नहीं ताकत—
लाज इसकी पचाइए
सॉनेट दिखा-दिखाकर—
सॉनेट जो पा जाएँ
स्कूल के पाठ्यक्रम में
स्थान पा जाने लायक किस्मत!
हे वाग्देवी! हे नन्ही-सी दुम वाले देवदूत—
पेगासस!

पहली पंक्ति में गुंजायमान
एक प्यारे-से, बूढ़े सज्जन के मीठे खर्राटे!
नींद में उसे लग रहा है कि पत्नी उसकी—
फिर से जी उठी! इससे भी ज्यादा यह
कि वह उसकी खातिर
पका रहा है पूड़ी-साग
जो कि पका सकती थी वो ही!
आंच करो तेज,
मगर संभलो—
जले नहीं उसकी वह पूड़ी!
पढ़ना शुरू करें? हे वाग्देवी?

(अनुवाद : **अनामिका**)

गोतिनें : पश्चिमेतर स्त्री-कविता

रूसी औरतें : अन्नाओं को अन्न के लाले

अन्ना केरिनिना और फिर अन्ना अख्मतोवा पढ़-पढ़कर मेरे मन में रूसी औरतों के अगाधमना होने की बात किशोरावस्था से ही अपनी जड़ें जमाने लगी थी। विघटन के बाद पहाड़गंज के सस्ते होटलों में दस-दस रुपए में अपनी देह का सौदा करते, एरोफ्लोट विमानों में ढोर-डंगरों के साथ लदकर इधर-उधर भेजे जाते हुए, सरोजिनी नगर के 'रूसी बाजार' से तीस-तीस रुपयों की उतरनें खरीदते जब इन्हें देखा-सुना—कलेजा मुंह को आ गया! वैसे तो कोई भी औरत—चाहे वह अगाधमना हो या सरल, पारदर्शी घरेलू औरत—अपनी देह के मछली-बाजार में बदल जाने की स्थिति से जीते-जी मर जाती है, पर प्रकृति ने यदि कल्पनाशीलता, संवेदनशीलता आदि जंजाल भी कुछ अतिरेक में ही जान को लगा छोड़े हों—कोढ़ में खाज की स्थिति घिर आती है।

रूस से हमारी पीढ़ी और हमारे क्षेत्र की औरतों का लगाव कुछ दूसरे ही धरातल का था। जिन्हें शिक्षा मिल पाई—वे तो पलीं ही पीपल्स पब्लिकेशन हाउस से प्रकाशित रूसी लोककथाओं और चेखव, टॉल्स्ट्वॉय, दोस्तोएवस्की, पॉस्तरनाक आदि के स्टेपल डायट पर जिन्हें नहीं मिल पाई शिक्षा—उनके लिए भी रूस एक अलग तरह के सपनों का संसार था। ये खांटी, घरेलू औरतें तो इतना ही संसार देख पाती थीं—जितना बायस्कोप, फिल्में या फिल्मी गाने उन्हें दिखा पाते थे। बहुतों ने तो नदी, पहाड़, समुंदर भी फोटो में देखे—'लव इन टोक्यो' या 'अमन' फिल्म में जापान देखा, 'ऐन ईवनिंग इन पेरिस' में पेरिस देखी और 'आवारा' में मिली रूस की झलकी! जाना कि रूस कोई ऐसी अनूठी जगह है जहां सर पे लाल टोपी रूसी पहने लोग सुख-चैन से रहते हैं—कोई गरीब नहीं होता—सबको रोटी, रोजगार और शिक्षा बराबर मिलती है—ऊंच-नीच का कोई चक्कर ही नहीं।

एक और धरातल था जहां वे रूस से सीधी जुड़ जाती थीं! भोजपुरी में 'रूठते' को कहते हैं 'रूसना' और 'रूठी' को 'रूसी'। छपरा-आरा-बलिया

की औरतें अकसर ही जाती थीं 'रूस'! जब कोई बहू-वहू मुंह लटकाती थी, बुजुर्ग औरतें मत्था ठोंककर कहती थीं—'ऐ बाबा, फिर वह गई रूस!' एक तरह से देखा जाए तो कोपभवन से 'रूस' का सीधा ही रास्ता जाता था, पर कैकेयी की तरह सामान्य घरेलू औरतों का कोई अलहदा कोपभवन तो होता ही नहीं—सोने-रहने-काम करने का एक अलग-सा, अपना-सा कोना जिसे वर्जीनिया वूल्फ 'अ रूम ऑफ वंस ओन' कहती हैं—उनके लिए एक असंभव-सी स्थिति है, फिर इतना स्पेस कहां से आएगा जिसे रूठने की जगह कहें—केश-वेश फैलाकर औंधे मुंह लेट जाने की जगह। गरीब औरतों के जीवन में कहां वह मादक प्रतीक्षा, कहां वह उम्मीद कि आएंगे प्रियवर मनाने—'रूठ रूस' जाना भी है तो काम-धाम करते हुए और फिर धीरे-धीरे बिना मनाए मन भी जाना है!

जिनके पास जाने की कोई जगह नहीं—वे भी 'रूस' जाती हैं—यह सोचते-सोचते मुझे ज़ार निकोलाई के अनंत अत्याचारों से गुंथी एक रूसी लोककथा की ये पंक्तियां अकसर याद आती थीं—

'जाओ कहां न जाने कहां,
लाओ उसे न जाने किसे!'

समय पर लगान नहीं दे पाने पर ज़ार निकोलाई गरीब किसानों को क्या जाने क्या लाने, पता नहीं कहां भेज देता था! जब भी मैं सुनती थी कि कोई औरत फिर से 'रूस' गई—मन-ही-मन सोचती थी—क्या वह मिलेगी वहां उन सब किसानों से जो लेने गए थे न जाने क्या, जाने कहां—जार के खदेड़े हुए। भाइयों और पतियों की खदेड़ी हुई औरतें आज भी कहीं नहीं जा पातीं—बहुत जाती हैं तो 'रूस' जाती हैं।

और रूसी औरतें? दाने-दाने को मुहताज हुईं, दस-दस रुपल्ली में बिकीं, क्या-क्या दिन देखे, राजनीतिक उथल-पुथल के हर चरण में अन्ना अख्मतोवा श्स्वेताएवा, नादिया मादलास्ताम की यातनाएं हों या सामान्य स्त्रियों का यह निर्धनताजन्य क्रमिक दोहन/विघटन—झेला तो सब, मगर भीतर का एक अगिनपारखी था जो राख के ढेर से बार-बार नए जीवन का स्पंदन ले जगमग जगा! इसका प्रमाण है अधुनातन रूसी महिला-कवियों की ये कविताएं—सारी विडंबनाओं के बीच भी जिजीविषा से महमह।

—अनामिका

अन्ना आख्मतोवा

कितने अनुरोध

कितने अनुरोध होते हैं प्रेमिका के पास हमेशा
विरक्त के तो कोई अनुरोध होते नहीं
कितनी खुश हूं यह देखकर
कि रंगहीन बर्फ के नीचे जम रहा है जल।

मैं पैर रखूंगी इस सफ़ेद पतली चादर पर
ओ ईशु, मेरी कुछ मदद कर!
संभाल कर रखी जाएं सारी चिट्ठियां
कि अपना निर्णय दे सकें संतानें।

और अधिक स्पष्ट और अधिक रोशन
तुम दीख सको उन्हें–साहसी और प्रबुद्ध
क्या तुम्हारी महान जीवनी में
रखी जा सकती हैं कहीं खाली जगहें?

बहुत मीठी है यह इहलौकिक सुरा
बहुत मजबूत हैं ये प्रेमजाल।
कभी तो पढ़ेंगे बच्चे
अपनी पाठ्य-पुस्तकों में मेरा नाम,

और करुणाजनक कहानी पढ़ने पर वे
मुसकरा देंगे तनिक चालाकी के साथ।
बिना चैन, बिना प्रेम
मुझे दे अजब एक कड़वी-सी ख्याति।

(अनुवाद : **डॉ. वरयाम सिंह**)

खो देना शब्दों की ताज़गी

खो देना शब्दों की ताज़गी और सादगी अनुभूतियों की
हमारे लिए एक समान नहीं है क्या उसी तरह
जैसे चित्रकार का खो देना दृष्टि
अभिनेता का आवाज़
और सुंदर स्त्री का खो देना अपना सौंदर्य ?

पर कोशिश न करो बचाने की उसे
जो उपहार में मिला है ईश्वर से :
बचाने के लिए नहीं, हम अभिशप्त हैं खर्च करने के लिए
और यह मालूम है हमें अच्छी तरह।

उठो, चल दो अकेले, लौटा दो नेत्रहीन को दृष्टि,
कि देखना अपने संदेह भरे बोझिल क्षणों में
शिष्यों के अपमानजनक व्यंग्य
और भीड़ की उदासीनता।

(अनुवाद : **डॉ. वरयाम सिंह**)

मैं भटक गया हूं

मैं भटक गया हूं आकाश में-क्या करूं ?
वही बताए जिसे प्राप्त है उसका स्नेह
ओ दांतें की खेल-तश्तरियों,
आसान नहीं था खनकना तुम्हारे लिए।

जिंदगी से मुझे अलग किया नहीं जा सकता,
उसे स्वप्न आते हैं मारने और दोबारा प्यार करने के
कि आंख, नाक और आंखों के कोहरे से
फ्लोरेंस का अवसाद टकराता रहे।

नहीं, मेरी खोपड़ी को न पहनाओ
इतना कंटीला, इतना स्नेहभरा यह जयमाल,
इससे अच्छा होगा फोड़ डालो मेरा हृदय
नीली आवाज़ के टुकड़ों पर!

अपना काम पूरा कर जब मरने लगूं
मैं—जिंदा लोगों का ज़िंदगी भर का दोस्त
और खुले, और ऊंचे, मेरी छाती में
आकाश के गूंज उठें निर्बाध स्वर!

(अनुवाद : **डॉ. वरयाम सिंह**)

न सोच कोई, न शिकायत

न सोच कोई, न शिकायत,
न विवाद कोई, न नींद।
न सूर्य की इच्छा, न चंद्रमा की,
न समुद्र की, न जहाज़ की।

महसूस नहीं होती गरमी
इन दीवारों के भीतर की,
दिखती नहीं हरियाली
बाहर के उद्यानों की।
इंतज़ार नहीं रहता अब
उन उपहारों का
जिन्हें पाने की पहले
रहती थी बहुत इच्छा।

न सुबह की ख़ामोशी भाती है
न शाम को ट्रामों की सुरीली आवाज़,
जी रही हूं बिना देखे—

कैसा है यह दिन?
भूल जाती हूं
कौन-सी तारीख़ है आज
और कौन-सी यह सदी?

लगता है जैसे फटे तंबू के भीतर
मैं एक नर्तकी हूं छोटी-सी
छाया हूं किसी दूसरे की
पागल हूं दो अंधियारे चंद्रमाओं से घिरी।

(अनुवाद : **डॉ. वरयाम सिंह**)

मरीना त्स्वेतायेवा

साइके

एक

मैं घर लौट आई हूं
मैं छद्मवेशी नहीं हूं।
रोटी नहीं चाहिए मुझे
मैं नौकरानी नहीं हूं।

मैं हूं तुम्हारी वासना का आवेग
आराम हूं तुम्हारा रविवार का।
दिन हूं तुम्हारा सातवां
और हूं तुम्हारा सातवां आकाश।

एक पैसा क्या मिला भीख में
चक्की के बांध दिए पाट मेरे गले में।
ओ प्रिय, पहचान नहीं पा रहे हो क्या
मैं अबाबील हूं—तुम्हारी आत्मा।

दो

कभी जो रहा कोमल शरीर
आज ढका है चीथड़ों से,
टुकड़े-टुकड़े हो गया है सब कुछ
साबुत बचे हैं सिर्फ़ दो पंख।

बचाओ, तरस खाओ मुझ पर—
पहनाओ मुझे अपनी गरिमा
और ले जाओ मेरे फटे चीथड़े
अपने परिधानों के पवित्र भंडार में।

(अनुवाद : **डॉ. वरयाम सिंह**)

कवि

बहुत दूर की बात छेड़ता है कवि।
बहुत दूर की बात खींच ले जाती है कवि को।

ग्रहों, नक्षत्रों...सैकड़ों मोड़ों से होती कहानियों की तरह
हां और ना के बीच
वह घंटाघर की ओर से हाथ हिलाता है
उखाड़ फेंकता है सब खूंटे और बंधन...

कि पुच्छलतारों का रास्ता होता है कवियों का रास्ता—
बहुत लंबी कड़ी कारणत्व की—

यही है उसका सूत्र! ऊपर उठाओ माथा—
निराश होना होगा तुम्हें
कि कवियों के ग्रहण का
पूर्वानुमान नहीं लगा सकता कोई पंचांग।

कवि वह होता है जो मिला देता है ताश के पत्ते
गड्ड-मड्ड कर देता है भार और गिनती,
कवि वह होता है जो पूछता है स्कूली डेस्क से
जो कांट का भी खा डालता है दिमाग,

जो बास्तीय[1] के ताबूत में भी
लहरा रहा होता है हरे पेड़ की तरह,

जिसके हमेशा क्षीण पड़ जाते हैं पद्चिह्न,
वह ऐसी गाड़ी है जो हमेशा आती है लेट
इसलिए कि पुच्छलतारों का रास्ता
होता है कवियों का रास्ता जलता हुआ
न कि झुलसाता हुआ,

उद्विग्न लेकिन संतुलित, शांत,
वह रास्ता टेढ़ा-मेढ़ा
पंचांग या जंत्रियों के लिए बिलकुल अज्ञात!

(अनुवाद : **डॉ. वरयाम सिंह**)

1. पेरिस स्थित कारावास, जिसे पेरिस की क्रांतिकारी जनता ने 1789 में ध्वस्त कर दिया था।

छिप जाना

काल और गुरुत्वाकर्षण पर
यही होगी मेरी चरम विजय
कि चली जाऊं यहां से
पांवों का एक भी निशान छोड़े बिना।

या नहीं-नहीं कहते कर डालूं—हां
या गायब हो जाऊं दर्पणों से
जिस तरह गायब हो गए थे ल्येरमंतोव[1]
कॉकेशिया के पहाड़ों में
चट्टानों को तनिक भी परेशान किए बिना।

या सबसे अच्छा शगल यह होगा
कि सेवास्तियान बाख[2] की अंगुलियों से
छूकर देखूं ऑर्गन की ध्वनियों को,
या बिखर जाऊं इधर-उधर
अस्थिकलश में अपनी अस्थियां छोड़े बिना।

या धोखा देकर ले लूं
जो कुछ लेना है मुझे,
या निकल जाऊं बाहर
हर तरह की विराटताओं से।

या छिप जाऊं
काल के महासागर में
जलकणों को उद्वेलित किए बिना।

(अनुवाद : **डॉ. वरयाम सिंह**)

1. प्रख्यात रूसी कवि (1814-1841)
2. प्रसिद्ध संगीतज्ञ (1685-1750)

विदाई

जिस धीरज के साथ कूटी जाती है बजरी,
जिस धीरज के साथ किया जाता है मौत का इंतज़ार,
जिस धीरज के साथ पुरानी पड़ती हैं खबरें,
जिस धीरज के साथ पाला जाता है प्रतिशोध—
मैं करूंगी तुम्हारा इंतज़ार

जिस तरह इंतज़ार करती हैं महारानियां अपने प्रेमियों का
जिस धीरज के साथ इंतज़ार किया जाता है तुकांतों का,
जिस धीरज के साथ चबाए जाते हैं दांतों से हाथ,
में करूंगी तुम्हारा इंतज़ार जमीन पर नज़रें गड़ाए,
दांतों में होठ होंगे। पत्थर। दीवार।
जिस धीरज के साथ काटे जाते हैं सुख के दिन,
जिस धीरज के साथ हारों में गूंथे जाते हैं मनके।

स्लेज की चरमराहट...दरवाज़ों की जवाबी चरमराहट,
तेज हवाओं की सरसराह्ट।
आ गया है वह शाही फ़रमान—
राजाओं और सामंतों को शासनच्युत करने का।
आओ, घर चलें :
अलौकिक—
लेकिन अपने।

कायर, गोबर या भूसा बन जाने पर
हममें से किसका क्या महत्व!
नहीं रोएंगी हमारी कविताएं
पराई लगेंगी उन्हें हमारी कब्रें।

(अनुवाद : **डॉ. वरयाम सिंह**)

मई के महीने में

मई के उस महीने में, मेरे उस महीने में
इतनी सहजता थी मेरे भीतर,
धरती के ऊपर चारों ओर फैलता
आकर्षित कर रहा था मुझे उड़ता मौसम।

मैं इतनी उदार थी, इतनी अधिक उदार
गीतों के सुखद आस्वादन में,

गंभीरता को ताक पर रख भड़कीले अंदाज़ में
मैंने पांव भिगो डाले हवा में।

पर ईश्वर की कृपा से मेरी दृष्टि को
प्राप्त हुई ऐसी धार और इतनी कठोरता,
हर आह और हर उड़ान की
मुझे चुकानी पड़ती है भारी कीमत।

मैं भी जुड़ी हूं दिन के रहस्यों से,
उसकी सब प्रक्रियाएं मालूम हैं मुझे,
चारों ओर देखती हूं मुड़-मुड़ कर
बूढ़े यहूदी की व्यंग्यपूर्ण मुस्कान से।

दिखाई देते हैं मुझे कांव-कांव करते कव्वे
काली बर्फ पर लटके हुए,
दिखाई देती हैं ऊबी हुई औरतें
बुनने के लिए कुछ झुकी हुई।

क्यारियों पर से लापरवाही से चलता
भाग रहा है एक पराया बच्चा,
पिपिहरी बजाते हुए वह
उल्लंघन कर रहा है उनकी व्यवस्था का।

(अनुवाद : **डॉ. वरयाम सिंह**)

बेल्ला अख्मादूलिना

ज्वालामुखी

चुप बैठे हैं ज्वालामुखी,
राख गिर रही है उनके गह्वर में।
आराम फ़रमा रहे हैं दैत्य
कुकर्म कर लेने के बाद।

उल्लासहीन पड़ गई हैं उनकी संपत्तियां
और अधिक भारी लग रही हैं वे उनके कंधों को
बार-बार प्रेतात्माएं
प्रकट होती हैं उनकी रातों में।

सपनों में उन्हें दिखता है वह अभिशप्त नगर
ज्ञात नहीं जिसे अपनी ही नियति,
दिखाई देते हैं स्तंभ और उद्यान
लावे से घिर आते हुए।

वहां लड़कियां हाथों में लेती हैं फूल
जो खिलकर कब के मुरझा चुके हैं
वहां सकेत देते हैं सुरा के प्रेमी
सुरापान कर रहे पुरुषों को।

आरंभ हो जाता है सुरापान का दौर
अश्लील हो जाती है भाषा
गरमी आ जाती है वातावरण में और विवेकहीनता भी
ओ राजकुमारी, ओ दासकन्या, ओ मेरी बिटिया पंपेई!

अपनी सुखद नियति की कैद में
किसके विषय में सोच रही थी तू

जब इतने साहस के साथ झुक आई थी तू
बीसूवियस पर अपनी कुहनियों के बल?

खो गई थी तू उसकी कहानियों में,
फैला दी थी तूने अपनी पुतलियां
सहन न हो सकती तुझसे
असंयत प्रेम की गड़गड़ाहट।

दिन बीतते ही,
अपने बुद्धिमान ललाट के बल
वह गिर पड़ा तेरे मृत पैरों पर
चिल्लाता हुआ : "क्षमा करना मुझे!"

(अनुवाद : **डॉ. वरयाम सिंह**)

नाव

बरामदे से बाहर जब कदम रखती हूं मैं,
घनी और गीली महसूस होती है घास।
मैं उठाती हूं एक पराए बच्चे को
जो पड़ा होता है अपने पिता पर।
उठाए रखती हूं मैं ऊपर उसे
बेचैन मैं कहती हूं उसे : "देख तो,
कैसी दिखाई दे रही है नाव
भीतर से एकदम नीली!"

मेज की दराज़ों में से
हम निकालेंगे अखरोट और मिश्री की डलियां,
देखेंगे किस तरह की नदियां
बहती हैं हमारी पृथ्वी पर।

है एक ऐसी भी हंसोड़ नदी
बहती है वह दूर, बहुत दूर,
अवश्य ही उसके भीतर
मिला है पानी और दूध।

कम नहीं है उसकी गहराइयों में
शक्कर की तरह मीठी-मीठी मछलियां।
पर हमें अपलक देखती रहती है तेरी मां
हम पर से तनिक भी हटाती नहीं
अपनी आंखें।

संभव नहीं हमारे लिए भाग निकलना यहां से,
देख नहीं सकेंगे वे सब नदियां।
ब्यालू के बाद बेटे को
सोने के लिए सख्ती से लिटाती है मां।

खिड़कियों! बंद हो जाना सट कर एक साथ,
बत्तियों! तुम भी अब जलना नहीं।
आने देना बच्चे के सपनों में
भीतर से नीली उस नाव को।

(अनुवाद : **डॉ. वरयाम सिंह**)

जी रही थी मैं

जी रही थी मैं अमिट कलंक में
फिर भी मन मेरा निर्मल रहा
एक महासागर था और वह मैं थी
और कोई नहीं

ओ तुम डरे हुए
शायद ही स्वयं तैर पाते तुम
यह तो मैं कोमल-सुकुमार लहर की तरह
तुमको निकाल ले आई किनारे तक

दया कर बैठी हूं मैं अपने साथ
कैसे भूल गई मैं विपत्ति के उन क्षणों में
नीली मछली बन सकते थे
मेरे बैंजनी जल में तुम

मेरे साथ सिसकते
विलाप कर रहे हैं समुद्र
ओ मेरे अभागे शिशु
क्षमा करना मुझे तुम!

(अनुवाद : **डॉ. वरयाम सिंह**)

पंद्रह लड़के

पंद्रह लड़के, संभव है, इससे भी अधिक
या संभव है पंद्रह से भी कम
सहमी-सहमी आवाज़ में
कह रहे थे मुझसे :
"आओ, सिनेमा चलें या चलें ललित कला संग्रहालय"
मैंने उन्हें लगभग ऐसा उत्तर दिया :
"वक्त नहीं है ज़रा भी।"
पन्द्रह लड़कों ने भेंट किए मुझे बर्फ के फूल।
पंद्रह लड़के टूटी आवाज़ में
कह रहे थे मुझसे :
"कभी न होगा ऐसा जब प्रेम न करूं मैं तुझसे।"

मैंने उन्हें लगभग ऐसा उत्तर दिया :
''देखेंगे।''
पंद्रहों लड़के अब जी रहे हैं अमन-चैन से।

फूल भेंट करने, पत्र लिखने और निराश होने का
निभा लिया है कर्तव्य उन्होंने।
उन्हें प्रेम करती हैं लड़कियां
कुछ मुझसे कहीं अधिक सुंदर
कुछ मुझसे कम।

पंद्रह लड़के अत्यधिक खुलेपन से,
और कभी-कभी कुटिल प्रसन्नता से
मिलने पर अभिवादन करते हैं मेरा,
अभिवादन करते हैं मेरे भीतर
अपनी मुक्ति, स्वस्थ निद्रा और भोजन का।

व्यर्थ ही चले आ रहे हो तुम,
ओ अंतिम लड़के!
तेरे भेंट किए फूल को
डाल दूंगी मैं गिलास में,
जड़ों और तनों को ढक देंगे रुपहले बुलबुले....
देखना, तुम भी बंद कर दोगे प्रेम करना मुझे
अपनी भावनाओं पर काबू रखकर
रोब झाड़ने लगोगे मुझ पर
जैसे मुझे भी काबू कर लिया हो तुमने,
लेकिन मैं चल दूंगी अपनी राह...

(अनुवाद : **डॉ. वरयाम सिंह**)

रोओ नहीं मेरे लिए

रोओ नहीं मेरे लिए, जी लूंगी मैं—
खुशनसीब भिखारिन या भले स्वभाव की बंदिनी
या उत्तर की शीत में दक्षिण के मलेरिया के बीच
क्षयरोग से ग्रस्त पिट्सबर्ग की दुष्ट औरत की तरह
जी लूंगी मैं।

रोओ नहीं मेरे लिए, जी लूंगी मैं—
गिरजे की ड्योढ़ी पर पहुंची अपंग
या खाने की मेज़ पर सिर टिकाए बैठी शराबी औरत
या दिव्य मां के चित्रों की निर्माता
या दरिद्र नास्तिक की तरह जी लूंगी मैं।

रोओ नहीं मेरे लिए, जी लूंगी मैं—
उस लड़की की तरह
आ गया है जिसे लिखना-पढ़ना
बुद्धू-सी जो याद करेगी मेरी कविताएं।

रोओ नहीं मेरे लिए, जी लूंगी मैं—
मौत से पहले विवेकहीन युद्ध में
रेडक्रास की नर्स से भी अधिक दयालु होकर
अपने चमकते सितारों के नीचे
कुछ भी हो जी लूंगी किसी तरह मैं।

(अनुवाद : **डॉ. वरयाम सिंह**)

यूना मोरित्स

उन दिनों

उन दिनों
वह था सात साल का
और मैं—पांच की।
मुझे तो थी टी.बी.
पर उस गरीब को नहीं।

अकाल-पीड़ितों बच्चों के भोजनालय में
मुझे मिलता था खाना।
मुझे थी टी.बी.
पर उस गरीब को नहीं।

मैं अपने रूमाल में
लाया करती थी बाहर दो कटलेट
मुझे थी टी.बी.
पर उस गरीब को नहीं।

मेरे हिस्से को लेता था मुंह में
एक बार में ही निगल डालता था
और धो आता था चर्च के पास के झरने से
मेरा नाक साफ करने का रूमाल।

पूछा मैंने उससे एक दिन
जब बैठे थे दोनों एक साथ :
अच्छा नहीं होगा क्या खाना कटलेट
एक बार के बजाय छह बार?

उसने जवाब दिया—बेशक नहीं
यदि खाऊं उसके पांच या छह हिस्से कर
मुंह में बचा रहेगा मांस का स्वाद
और अधिक सताने लगेगी भूख।

युद्ध ने कील दिया मुझमें
उसका स्वस्थ अस्थिपंजर।
मुझे थी टी.बी.
पर उस गरीब को नहीं।

हम रह लिए ज़िन्दा
एक कूपन पर दोनों पलते हुए।
दो अस्थिपंजर घुस आए स्वर्ग में
सिर्फ एक टिकट के साथ।

(अनुवाद : **डॉ. वरयाम सिंह**)

निजता के पक्ष में

मुझे नहीं चाहिए दूसरे मेज़ों की धूल
नहीं चाहिए आंसू पराए आसमानों के,
अस्वीकार करती हूं मैं उन्हें पूरी तरह।
कोने में खड़ी मेरी ओर देखती हैं
मेरी संवेदनाओं की आत्मा,
आत्मा मेरे शब्दों की, आत्मा मेरे व्यवहार की।
उसके बिना मैं जी न पाती एक भी दिन अधिक।
बचपन से चला आ रहा है यह
दूध के साथ प्रवेश किया उसने
और अटकी रह गई गले में।
ठोंक दिया गया है उसे कील की तरह हथौड़े से,

उसे उड़ेला गया मेरे भीतर जैसे समुद्र में पानी।
मृत्यु के बाद ही निकलेगी वह
जब अलग होना पड़ेगा कापी से।
उड़ जाने से पहले, ओ आत्मा! बताना—
कौन है तू ? सीपियों की चरमराहट?
सोन चिड़िया का मधुर गीत?
या लाल बेणी की तरह गुंथी हुई धूपचंदन की बेल।
सांस लूंगी मैं इस दुनिया में
और छोड़ूंगी दूसरी दुनिया में।
उड़ जाऊंगी एक और एकमात्र पंख के सहारे!
मुझे प्राप्त है पूरे का पूरा शिशिर
हिमनद के साथ बिताने को अपना सारा समय।

अंधेरी झीलों के बीच यह मुहल्ला—मेरा है
उद्यान की बाड़ के बीच
लोहे के फूल लिए यह श्याम—श्वेत वस्त्र मेरा है।
बाल्टिक सागर का सुनहला नमक—मेरा है,
मेरा है—समुद्र का दलदली तट,
अवसाद के साथ का यह भीषण आक्रमण भी—मेरा है
मेरा है यह सबसे ताज़ा दर्द
जिसे मैंने सहन किया है प्लेग की तरह।
और इस सबके बाद—
आरंभ होता है बर्फ की तरह सफ़ेद आज़ादी का पीना।
ओ मेरी आत्मा! अपन आंखों से देख—
कितना होना चाहिए मेरे पास मेरा अपना
कि अहसास बना रहे मुझे मेरे अपने वजूद का!

(अनुवाद : **डॉ. वरयाम सिंह**)

अफ्रीकी स्त्री-कविता

नाइजीरिया की ज़ेनाब अल्कली का 1987 में एक उपन्यास प्रकाशित हुआ था—द *वर्चुअस वुमन (शीलवती)*, जिन्होंने 'स्त्री-सुबोधिनी' जैसी पुस्तकें दादी के शेल्फ से निकालकर उलटी-पलटी होंगी, उन्हें यह किताब सोचने को विवश जरूर करेगी कि 'वर्चू' जैसे बद्धमूल शब्द से स्त्रीत्व का कैसा गहरा गठबंधन अब तक जनमानस में बैठा है! 'फॉल फ्रॉम ग्रेस' अंगरेजी का एक प्रचलित मुहावरा है जिसका संबंध ईव की उस मूल प्रश्नवृत्ति से है जिसके कारण दुनिया दुनिया बनी, औरत औरत, मर्द मर्द! औरत के बारे में अमूमन यह माना जाता है कि चूंकि उसके दायित्व ज्यादा हैं, बच्चों को ऊंचे आदर्श घुट्टी में उसे ही पिलाने होते हैं, इसलिए जरूरी है कि उसका देवी-भाव सदैव समुन्नत रहे, और भीतर किसी कोने में वह सहज मानवी हो भी तो दीखे नहीं।

आज औरत हर तरह की आजादी की बात कहती है तो मर्द कुपित होते हैं; यह बहुत स्वाभाविक है। अचानक एक दिन कुर्सी उठकर कहे कि वह बाहर जाएगी, सड़क पर बैठेगी, मेज-अलमारी-बिस्तर कहें कि वे यहां-वहां की दौड़ लगाकर अभी आते हैं तो हम जरूर परेशान हो जाएंगे। जॉर्ज ऑरवेल के *ऐनिमल फार्म* के जानवर जब बगावत पर उतारू हुए थे, तो मालिक परेशान क्यों नहीं होता भला। यह परेशानी स्वाभाविक है, समझ में आने लायक और सहानुभूति के काबिल।

पहले दौर की फेमिनिस्टों को बहुत गुस्सा आता था, अब का फेमिनिस्ट लेखन 'इंटीग्रेटेड फेमिनिज्म' (अखंडित नारीवाद) की बात करता है जो निरे प्रतिक्रियावाद से ऊपर की चीज है। दुनिया के अलग-अलग कोनों में आज औरत जो लिख रही है, उससे नई औरत का जो बिंब उभरता है, वह कितना 'रूटेड' (संस्कारबद्ध) और कितना 'आजाद' है—इस पर एक निगाह डाली

जा सकती है।

अफ्रीका की औरतों पर मार दुहरी है—एक तो नस्ली शोषण, दूसरा यौनाधारित शोषण। ज्यादातर परिवारों में औरतें ही घर चलाती हैं और बड़ी नौकरियां उन्हें मिलती नहीं। रसोइया, आया, टैक्सी ड्राइवर, बार-मेड (साकी), चौकीदार, जमादार आदि स्थितियों में खटते हुए उनका मान-संवर्द्धन कितना हो पाता होगा, सोचने की बात है। मार्गरेट वॉकर की *जुबिली* में विवरी वेयर ब्राउन, और बगेन्स की द *ऑटोबॉयोग्राफी ऑफ मिस जेन पिटमैन* में जेन तरह-तरह के काम सीखती-संभालती हुई घर-घर और दर-दर भटकती हैं, पर पिकारेस्क नायकों की-सी बेफिक्री में नहीं बल्कि चिंताकुल कि घर भी जाना है, बच्चे संभालने हैं, कुंठित पति से पिटना भी है, उसकी पिपासाएं भी बुझानी हैं, और भी उत्पात सहने हैं। ऐसा नहीं कि हमेशा वे सारे उत्पात चुपचाप बर्दाश्त ही करती हैं, सिला ब्राउन की तरह कोंच-कोंचकर पति को शर्मिंदगी की उस सीमा पर भी वेही पहुंचाती हैं जहां वे आत्महत्या कर लेते हैं, या 'सिसी' की तरह बच्चों पर गुस्सा उतारती हैं; पर कुल मिलाकर उनका उद्देश्य होता है एक बड़ा मजबूत वृक्ष होना (लाइक सम ऑफ दोज ओक्स ऐट योर ग्रेंडपा'ज़ प्लेस) जिसकी छाया में सब सुस्ता सकें।

दिमाग में दूर कहीं मालिक-मालकिनों के ताने-तितराने-हिकारते अलग, पर ग्लेवडॉलेन ब्रूक्स की *मैड मार्था* तथा एलिस चाइल्डरेस की *लाइक वन ऑफ द फैमिली* की नायिका अपनी प्रगल्भ मालकिनों का रोब बर्दाश्त नहीं करतीं। वे अपने अधिकारों के प्रति सचेत और स्वाभिमानप्रिय हैं। हमेशा खुद को दूसरे की आंखों से देखना, दूसरे की इंच-टेप से हमेशा खुद को नापे-तौले रखना एक ऐसी दिमागी कवायद है जिससे ये खुद को दूर ही रखती हैं। सामूहिक नैतिकता से अधिक वैयक्तिक नैतिकता की फिक्र इन्हें संभाले रखती है। *ब्राउन गर्ल* की मस्त स्वभाव वाली कैरेबियन लड़की सगी, फैक्टरी की और घरेलू जिम्मेदारियों की लंबी मशक्कत के बाद शनिवार को जब बिस्तर पर लेटती है, उसका अंग-अंग जवाब दे जाता है, तब एक बोतल शराब और टूटकर प्यार कर लेने वाले एक आदमी के बिना उसे नींद नहीं आती, पर दोनों में से कोई न उसे गरीबी से उबारता है, न पड़ोसियों के लकड़पेच तानों से।

बहुचर्चित कृति द *ब्लूएस्ट आई* की तीनों मस्त-मलंग वेश्याएं, वेश्याओं को हिकारत से देखने वालों के प्रति अपनी पूंजीभूत, मोर्चाबंद घृणा में

औपन्यासिक दुनिया की सारी वेश्याओं से अलग हैं। एक मजेदार बात यह है कि जब अफ्रीकी पुरुष-कथाकार इन औरतों का चित्रण करते हैं, वे दिखाते हैं कि इस घृणित कर्म के लिए सहानुभूति और इसके खिलाफ स्त्रियों की भावनात्मक-आर्थिक-सामाजिक सुरक्षा की सारी नैतिक जिम्मेदारी उनकी है। गोरे लोग उनकी कौम की स्त्रियों का दैहिक शोषण करते हैं—यह उन्हें अपने पौरुष को चुनौती दीखता है। फ्रैंक येरबी की *हेल्थ कार्ड* पूरी की पूरी इसी शाहीदाना भाव से लिखी कृति है। स्त्रियां जब इस समस्या पर लिखती है, तो उनके लेखन में यह आत्मविश्वास झलकता है कि उबारने वाले किसी बाहरी मसीहा की उन्हें जरूरत नहीं; जो करना है, उन्हें स्वयं ही करना है। *नंबर रनर* की चाइना डॉल अपने, दलाल अल्फ्रेड की हत्या खुद कर डालती है क्योंकि उसकी छोटी बहन को भी वेश्यावृत्ति के लिए वह टटोल रहा है। लुटी जॉनसन की द *स्ट्रीट* एक अकेली स्त्री के संघर्षों की कहानी है जिसके मन में बस एक अकेला सपना यह पल रहा है वह किसी तरह अपने हहरते बच्चे को सफेद चमड़ी वाले बच्चों के बराबर स्टेटस दिलवाकर एक भरा-पूरा आदमी बना सके।

नेला लारसन की हेग्ला क्रेन (संदर्भ : *क्विक सैड*) **शिक्षा** और पर्यटन से अपने व्यक्तित्व की सारी गांठ खोल लेती है; काले मर्द उसे 'स्नॉब' कहते हैं और गोरे 'एक्ज़ोटिक' पर वह दोनों को नकारती है—कालों को कजरौटी पारदर्शिता के चलते और गोरों को उनके पोशीदा टुच्चेपन की खातिर। जीवन के एक मोड़ पर अकेलेपन से थककर ब्याह, मातृत्व और धर्म—सारे नुस्खे आजमा लेने के बाद तो 'जन्नत की हकीकत' एकदम साफ हो जाती है। ''दिल के बहलाने को गालिब ये खयाल अच्छा है'' कि घर-गृहस्थी और बाल-बच्चे ही स्त्री का मोक्ष हैं—यह वह खूब समझ जाती है।

सौंदर्य और शक्ति की नई परिभाषाएं अफ्रीकी औरतों ने गढ़ी हैं। अपने 'रस्टी सेल्फ' और 'लूज ऐंड प्रोमिस्क्यूअस' (चरित्रहीन कामातुरा) होने की ग्रंथियां इन्होंने बखूबी लांघी हैं। इन्होंने जाना है कि खुश रहना और हंसना और प्यार करना कोई अपराध नहीं, जिंदा रह लेना ही सब कुछ नहीं, जरूरी है—खुश होकर जिंदा रहना और इस क्रम में मर्दों की तरह आततायी हो जाने से बचना भी! अपनी जिम्मेदारियों के प्रति सजग रहते हुए भी खुश रहा जा सकता है—सबके प्रति ईमानदार रहने का मतलब यह नहीं कि औरत अपने

ही प्रति बेईमान हो जाए। अपनी दैहिक-मानसिक आवश्यकताओं के प्रति बेपरवाह रहना आत्महनन जैसा ही जघन्य कृत्य है। मॉरिसन की नायिका नेल इसे अच्छी तरह समझती है :

आइ नो ह्वाट एवरी कलर्ड वुमन इन दिस
कंट्री इज डूइंग—डाइंग जस्ट लाइक मी।
बट द डिफरेंस इज दैट दे आर डाइंग
लाइक अ स्टंप! मी, आई एम गोइंग डाउन
लाइक वन ऑफ दोज रेडवूड्स!

पर कैरेलीन हेयर की दादी आइडियल को जो सिखाती है, वह दरअसल सारी स्त्री-जाति की गुत्थियों का उत्तर बनकर सामने आता है : "ट्राइ गिविंग योर फैमिली लव ह्वेन हेट एंड शेम आर प्रिवेलिंग इमोशंस...बट लर्न टु लव योरसेल्फ टू...लव एंड वॉक टॉल!" "(घृणा और शर्मिन्दगी का राज हो घर में, उस समय घर के लोगों को प्यार तो दो पर खुद को भी प्यार करना सीखो : प्यार करो और तनकर चलो।)"

अल्जीरिया/ईरान

फ़रोग़ फ़र्रुख़ज़ाद

खिड़की

एक खिड़की देखने की
और एक सुनने की खातिर
एक खिड़की जो कुएं की नलीदार देह की तरह
धरती के दिल तक पहुंच जाए
और खुले इस अपरंपार, अनवरत, नील करुणा के विस्तार पर!
एक खिड़की जो भर दे
हाथ अकेलेपन के
तारों की खुशबू से
और तब न्योते वह सूरज को
नन्हें फूलों की उदासी तक!

एक खिड़की काफी है मेरी खातिर!
मैं गुड़ियों की दुनिया की हूं—
कागज के पेड़ों के नीचे पली हूं—
चित्रबहुल पुस्तक के भीतर!
दोस्ती-प्रेम वगैरह वहां थीं
बांझ अनुभूतियां—
बांझ अनुभूतियों का रूखा मौसम झेला है खूब,
धूसर थीं गलियां भोलेपन की!
वर्णमाला के पीले अक्षरों के धूमिल विकास के वर्षों से
आयी हूं मैं,
आई हूं स्कूल की मेजों के नीचे से,
उस क्षण से आई हूं जिस क्षण बच्चे
श्यामपट्टी पर सीखते थे हिज्जे 'पत्थर' का
और चकित तारे उड़ जाते थे
बूढ़े दरख्तों से।
आई हूं मैं जड़ों से
एक मांसभक्षी पौधे की,
मेरा माथा अब तक घहर रहा है
उस तितली के हाहाकार से
जिसे आलपीन से कोंच मार डाला था उन्होंने
नोटबुक के भीतर!
जब मेरा विश्वास
न्याय की क्षीण-सी रस्सी से लटका
और शहर-भर में
चिद्दी-चिद्दी उड़ा दिया गया
क्लांत यह मेरा आलोक,
जब मेरे प्रेम की बच्चा-आंखें बांध दी उन्होंने
काले कानून के रूमाल से
और मेरे सपनों की चिंताकुल नस से
फट पड़ा खून का झरना—

जब मेरा जीवन बचा ही नहीं कुछ—
दीवार घड़ियों की टक-टुक-टुक-टुक के सिवा—
एकदम समझ लिया मैंने—
अब मुझे करना ही चाहिए,
करना ही चाहिए प्यार!
काफी है एक ही खिड़की मेरी खातिर—
खिड़की जो खुलती है चुप्पी की ओर!
अखरोट का पेड़ अब बढ़ चुका है
दीवार का मतलब
ठीक से समझ लेने की हद तक!
दर्पण से पूछो
अपने मुक्तिदाता का नाम—
जो धरती कांप रही है
तुम्हारे कदमों के नीचे—
क्या तुमसे ज्यादा अकेली नहीं है?
पैगंबर दे गए हैं शायद
नाश का संदेसा
अपनी सदी को!
क्या ये अनवरत विस्फोट,
जहरीले बादल हैं अनुगूंजें
पाक आयतों की?
सखा-मित्र-भाई-मेरे अपने—
जब चांद पर जाना—
फूलों के रुंदने का इतिहास
कर लेता दर्ज बही में।
अज्ञान की ही ऊंचाई से
गिरते हैं सपने और मरते हैं—
चरपतिया मेथी की पत्ती
सूंघूंगी मैं—
मेथी जो पुरातन विचारों की कब्र पर उगी है।

जो औरत आशाओं और शुचिता के कफन में लपेट
दफना दी गई—
क्या मेरा यौवन थी?
क्या मैं फिर से अपनी उत्सुकता की सीढ़ियां
चढ़ती जाऊंगी
छत पर टहलते उस भले-भले भगवान को
करती आदाब!
लगता है मुझे—समय बीत गया,
लगता है कि मेरा विशिष्ट क्षण
इतिहास के पन्नों में समा गया,
लगता है कि मेरे बालों और इन उदास अजनबी हाथों के बीच
है एक दूरी का आभास यह मेज!
एक शब्द बोलो मुझसे।
जो आदमी तुमको आशिष में देता है जीवित शरीर—
क्या चाहेगा तुमसे बदले में—अस्तित्व के एहसास के सिवा?
एक शब्द बोलो मुझसे—
अपनी खिड़की की शरण में मैं
गपशप कर लेती हूं
सूरज से!

(अनुवाद : **अनामिका**)

गुयाना

ग्रेस निकोलस

उष्णकटिबंधी मृत्यु

मुटल्ली काली औरत
चाहती है चमकदार-सी, उष्णकटिबंधी मृत्यु—
दूरवर्ती उत्तरी यूरप में कोई ठंडा प्रवास—
अरे नहीं!
मुटल्ली काली औरत
चाहती है कुछ उष्णता/पैरों पर उड़हुल के फूल,
नीले समुंदर की पोशाक—
ठीक-ठाक खुद को लपेटने की खातिर!

मुटल्ली काली औरत
चाहती है कटोरा
झटके से पुँछ जाएँ जो—वे आंसू क्या?
एक प्रत्याहार—विनम्र अर्थी का।

मुटल्ली काली औरत
चाहती है अपने सारे मृत अधिकार
श्राद्ध की पहली और तीसरी और नवीं रात—
सारी उनींदी भिनभिनभिनभिन—
जागरणकातर आंखों की रात!
चाहती है मां की मुलायम छाती में—
सूरज के ठंडे आशीर्वचन,
अपने लोगों के उबलते खूं की शांत-सी आभा,
मुटल्ली काली औरत
चाहती है एक तेजस्वी, उष्णकटिबंधी मृत्यु—
हां, यही!

(अनुवाद : **अनामिका**)

पाकिस्तान : सगोत्र संकाय

किश्वर नाहिद

हम गुनहगार औरतें

ये हम गुनहगार औरतें हैं
जो मानतीं नहीं रौब चोगाधारियों की
शान का

जो बेचतीं नहीं अपने जिस्म
जो झुकातीं नहीं अपने सिर
जो जोड़तीं नहीं अपने हाथ।

ये हम गुनहगार औरतें हैं
जबकि हमारे जिस्मों की फसल बेचने वाले
करते हैं आनंद
हो जाते हैं लब्ध-प्रतिष्ठ
बन जाते हैं राजकुमार इस दुनिया के।

ये हम गुनहगार औरतें हैं
जो निकलती हैं सत्य का झंडा उठाए
राजमार्गों पर झूठों के अवरोधों के खिलाफ़
जिन्हें मिलती है अत्याचार की कहानियां हरेक दहलीज़
पर ढेर की ढेर
जो देखती हैं कि सत्य बोल सकने वाली ज़बानें
दी गई हैं काट
ये हम गुनहगार औरतें हैं
अब, चाहे रात भी करे पीछा
ये आंखें बुझेंगी नहीं
क्योंकि जो दीवार ढाह दी गई है
मत करो ज़िद दोबारा खड़ा करने की उसे।

ये हम गुनहगार औरतें हैं
जो मानतीं नहीं रौब चोगाधारियों की शान का
जो बेचतीं नहीं अपने जिस्म
जो झुकातीं नहीं अपने सिर
जो तोड़तीं नहीं अपने हाथ।

(अनुवाद : **मोज़ेज़ माइकेल**)

घास बस मेरी तरह है

घास भी मेरी तरह है—
पैरों तले बिछ कर ही पूरी होती है
इच्छा इसके जीवन की।
गीली होने पर, क्या होता है इसका अर्थ?
लज्जित होने की जलन?
या आग वासना की?

घास भी मेरी तरह है—
जैसे ही यह होती है सिर उठाने योग्य
आ पहुंचता है कटाई करने वाला,
उन्मत्त, बना देने को इसे मुलायम मखमल
और कर देता है इसे चौरस।

इसी तरह मेहनत करते हो तुम
औरत को भी चौरस करने की।
न तो खिलने की इच्छा पृथ्वी की,
न ही औरत की, मरती है कभी।

मेरी बात पर दो ध्यान तो, वह विचार
रास्ता बनाने का ठीक ही था।
जो लोग सह नहीं पाते हैं बिगाड़

किसी परास्त मन का
वे बन जाते हैं पृथ्वी पर एक धब्बा
और तैयार करते हैं रास्ता दमदारों के लिए—

भूसी होते हैं वे,
घास नहीं।
घास बस मेरी तरह है।

धारा 144

हम चाहते हैं अंधता
जहां सीमाएं पहचान की हो जाती हैं गुम
और हम हो जाते हैं मात्र एक स्पर्श
स्पर्श जो आईना है क्षमायाचना और अनुनय-विनय का।
यहां गरीबी और दौलत बनी रहेंगी
क्योंकि हम स्पर्श करते हैं मनों को और कर देते हैं उन्हें मूल्यहीन।
पेड़ ओढ़ते हैं पत्तियां
लेकिन, सम्मिलन की लालसा में, पतझड़ गाड़ देता है
उन्हें भूमि के नीचे
हम चाहते हैं बधिरता
जहां शब्द और अर्थ रहते हैं बंदी
मात्र हिलते होंठों के संचलन से।
संचलन—अगर कठपुतलियों की डोर थोड़ी सी
हिल जाए गलत

तो पूरा तमाशा हो जाता है ढेर।
यह तमाशा जारी रहेगा।
अपने आंतिरिक भयों का मत बनने दो अदम्य कंपन।

हम चाहते हैं मूक होना
क्योकि जो बजाते हैं तालियां वे करते नहीं इस्तेमाल
अपने स्वरों का।

जो स्वर स्वतंत्र है वह होता है गुहार मंसूर की
जब इसे घोंट दिया जाता है तो वह बन जाता
है हसन नासिर
लेकिन कम से कम चीख़ तो सकते हैं मूक जन
ऐसा क्यों होता है? क्यों कर संभव है यह?

(अनुवाद : **मोज़ेज़ माइकेल**)

फहमिदा रियाज़

चादर और दीवारी

हुजूर! मेरे किस काम की है यह काली चादर?
हज़ार करम, क्यों देते हैं यह ईनाम मुझे?

मातम नहीं कर रही हूं मैं कि इसे ओढ़ूं
दिखाने को अपना दुख संसार को
नहीं हूं मैं कोई बीमारी कि जरूरत हो उसे
डुबोने की गुप्त अंधकार में
नहीं हूं मैं गुनाहगार, न ही कोई मुज़रिम
कि छाप लगा दूं अपने माथे पर इसके अंधेरे की
आप अगर बहुत गुस्ताख़ न मानें मुझे
आप अगर वादा करें कि बख़्श देंगे मेरी जान
तो मैं सविनय कहना चाहूंगी यह कि
हे आदमियों के मालिक!

महामहिम के सुगंधित कक्षों में
पड़ी है एक मृत देह
क्या पता कब से यह रही है सड़?
दया चाहती है आपसे यह

हुज़ूर, इतनी दया करें
मुझे न दें यह काली चादर
इस काली चादर से ढंक दें उस कफ़न विहीन देह को
जो पड़ी है आपके कक्ष में
क्योंकि इस देह से जो उठती है संड़ाध
घूमती है झुंझलाती-हांफती हरेक गलियारे में
पटकती है अपना सिर हरेक चौखट पर
ढांपे हुए अपना नंगापन
सुनिए, उसकी दिल चीर देने वाली चीखें
जिससे उठती हैं विचित्र प्रेतात्माएं
जो बनी रहती हैं नग्न अपनी चादरों के बावजूद

कौन हैं वे? आपको पता होना चाहिए हुज़ूर
महामहिम तो पहचानते ही होंगे उन्हें
वे तो बांदियां हैं

(अनुवाद : **मोज़ेज़ माइकेल**)

तफ़्तीश करने वाला

तफ़्तीश करने वाला करता है इंतज़ार
क्या होना चाहिए हमारा बयान?
कैसे दुख उठाए हैं जीवन ने
बताना है कठिन
क्या-क्या सहा है दिल ने
कहना नामुमकिन।

यह रहा मेरा बयान :
ध्यान दें आप, सही है यह सब
सही हैं तमाम इलजाम
साबित है मेरा जुर्म
वैसे जो कुछ किया मैंने, बहुत थोड़ा था
यही खेद है मुझे बस
उम्मीद है मुझे मिलेगा शायद दूसरा मौका
मैंने अब तक जो चुकाया उससे कहीं अधिक
देना था मुझे

इसमें यह भी जोड़ दें
जब तक मेरी सांस में है सांस
फिर करूंगी यह सब
संभव हुआ तो बेहतर पहले से
फिर लिखेंगे वह शब्द हम
जिससे अपने शस्त्रागार से लैस हर तानाशाह
कांप जाए पढ़ कर वह शब्द
फिर बजाएंगे हम वह धुन
जिससे अत्याचार का शिकार हर जन
नाच उठे इसकी ताल पर

यह कानून चिथड़ा है
इंकलाबियों के पांवों की धूल के लिए
तानाशाही अभिशाप
अध्यादेशों की यह सरकार
चौराहे पर चीथड़े कर देंगे इसके हम

(अनुवाद : **मोज़ेज़ माइकेल**)

जावेद शाहीन

मैंने पूछा रात से

मैंने पूछा रात से
''क्या तुमने नहीं
चुरवाए हैं सपने मेरे घर से?
सपने मेरे, पड़ोसियों के बच्चों के?
सपने मायके में शादी का इंतजार करती बेटियों के?
वे सारे सपने जो भटक गए हैं शहर से?
क्या तुम्हारे पास नहीं हैं वे?''

और रात ने देखा मेरी आंखों में और कहा :
''चोरी इतने सारे सपनों की
और नहीं कोई हल्ला!
संहार इतनी सारी इच्छाओं का
और बदरंग नहीं हुआ पानी!
कैसे संभव है यह
बिना तुम्हारी इच्छा के,
बिना तुम्हारी भागीदारी के?''

फिर उसने बढ़ाया अपने सीने से चिपटे चांद को मेरी तरफ और कहा :
''रखो इसके सिर पर अपना हाथ
और खाओ कसम कि
तुम हो बेगुनाह,
मासूम हो तुम''
और मैं लगा उसे घूरने, घूरता ही गया।

(अनुवाद : **मोज़ेज़ माइकेल**)

संकलित कवि

नींव के पत्थर

स्नेहमयी चौधरी : अनलंकृत भाषा की ओर अपने ढंग की पहल! दिल्ली विश्वविद्यालय के जानकीदेवी महाविद्यालय में वर्षों हिन्दी पढ़ायी। कई संग्रहों की रचयिता! दिल्ली।

ज्योत्सना मिलन : कवि-उपन्यासकार-रंगकर्मी! बोलचाल की भाषा में आंतरिकताओं की महीन लय! भोपाल।

पद्मा सचदेव : डोगरी कवि—ठस्सेदार पुरधायन! लोकरंग, लोकछन्द और लोकनाट्य को शास्त्रीय गरिमा दिलाने का बड़ा काम कविता और गद्य—दोनों में किया। संस्मरणों और बतरस का अक्षयकोश! दिल्ली।

कुसुम कुमार : नाटककार-कवि-चित्रकार! क्लासकीय गरिमा और प्रखर व्यंजना-शक्ति। दिल्ली।

सुनीता जैन : अंगरेजी-हिन्दी की कवि-उपन्यासकार-समीक्षक! आई आई टी दिल्ली के अँगरेजी विभाग की आचार्य-अध्यक्ष।

राजी सेठ : उपन्यासकार-कवि-दार्शनिक! दिल्ली।

इंदु जैन : कवि, ललित निबन्धकार-वक्ता-समीक्षक! दिल्ली विश्व के इन्द्रप्रस्थ महाविद्यालय में हिन्दी-अध्यापन! हिन्दी-इन्साइक्लोपीडिया का सम्पादन।

तेजी ग्रोवर : कवि-अनुवादक! चण्डीगढ़ विश्वविद्यालय में अँगरेजी अध्यापन। अनेक भाषाओं की ज्ञाता।

कमल कुमार : कहानीकार-कवि-उपन्यासकार, मीडिया-व्यक्तित्व! दिल्ली विश्वविद्यालय के जीसस ऐण्ड मेरी महाविद्यालय में हिन्दी अध्यापन।

गगन गिल : कवि, अनुवादक, समीक्षक। अनेक राष्ट्रीय पत्रों का सम्पादन। विदेशों में कई लेक्चर यात्राएं। दिल्ली।

जया जादवानी : कवि-उपन्यासकार-दार्शनिक। बिलासपुर। हिन्दी का हालचाल।

शुभा : पचीस वर्षों से सामाजिक क्षेत्र में। महिला आन्दोलनों में सक्रिय भागीदारी, जीविका के लिए अध्यापन। रोहतक।

कात्यायनी : लखनऊ। कवि-ऐक्टीविस्ट, प्रकाशक, निबन्धकार।

अर्चना वर्मा : दिल्ली विश्वविद्यालय के मिरांडा हाउस में हिन्दी साहित्य पढ़ाती हैं। आलोचना और कथा-लेखन का प्रतिनिधित्व भी।

क्षमा कौल : कश्मीरी विस्थापन के मार्मिक दस्तावेज के लिए चर्चित! दूरभाष सेवा।

सविता सिंह : चर्चित कवि, राजनीतिक शास्त्र की विदुषी, अमरीका में कई वर्ष टीचिंग असिस्टेण्टशिप। रॉय फुलर और दरीदा के साथ शोध। दिल्ली विश्वविद्यालय के दयाल सिंह महाविद्यालय की प्राध्यापक।

नीलेश : भोपाल दूरदर्शन से जुड़ी कवि!

हिन्दीतर

कल्पना रेंटाला : तेलुगु की प्रयोगधर्मी कवि!

सिसिला काणहॉलो : मराठी की दार्शनिक कवि!

सुस्मिता पाठक : मैथिली के लोकरंग का सजल विनियोग।

विभा रानी : मैथिली का उभरता नाम।

नवनीता सेन : बंगला की तेजस्वी कवि-वक्ता-विदुषी। जादवपुर विश्वविद्यालय में तुलनात्मक साहित्य की प्रोफेसर!

सावित्री राजीवन : मलयाली की ख्यातिलब्ध कवि। चित्रकार। चित्रकला के इतिहास का प्राध्यापन—तिरुअनन्तपुरम् में।

विम्मी सदारंगाणी : सिन्धी की उभरती कवि।

रीता	:	असमिया कविता का उभरता नाम।
सुमित्रा गोस्वामी	:	असमिया की चर्चित लेखिका।
अरूपा बरुआ	:	असमिया की युवाकवि।
वेण्णिला	:	तमिल की प्रसिद्ध कवि।
ममता सागर	:	कन्नड़ की तेजस्वी कवि-शोधार्थी।
वनिता	:	खालसा कॉलेज, दिल्ली विश्वविद्यालय में पंजाबी की लोकप्रिय शिक्षक। तेजस्वी कवि-समीक्षक।

भारतीय अँगरेजी कविता

लक्ष्मी कण्णन	:	अँगरेजी कवि-तमिल उपन्यासकार। दिल्ली विश्वविद्यालय के लेडी श्रीराम कॉलेज और आई.आई.टी. में अँगरेजी प्राध्यापन। चर्चित अनुवादक।
रुक्मिणी भायानायर	:	विदुषी कवि! आई. आई. टी. दिल्ली में अँगरेजी प्राध्यापक। विदेशों में कई लेक्चर-टुअर।
अरुंधती सुब्रमण्यम	:	कवि-समीक्षक-फिल्मकार। विदेशों में कई लेक्चर टुअर और पाठ। बहु-संकलित। बम्बई।

पश्चिम की स्त्री कविता

सिल्विया प्लाथ	:	छठे दशक की कवि-उपन्यासकार। कन्फेशनल धारा से जुड़ाव। अमरीका। आत्महत्या की।
ऐन सेक्सटन	:	सातवें दशक की कवि। ह्यूमर और पैथॉस का विशिष्ट विलय। अमरीका। आत्महत्या की!
मार्च पियर्सी	:	ऐक्टीविस्ट कवि। अमरीका।
शैरॉन ऑड्स	:	लेखक-समीक्षक। अमरीका।
शिम्बोर्स्का	:	नोबेल पुरस्कार प्राप्त कवि।

पश्मितर स्त्री कविता

फरोखजाद	:	अल्जीरिया की कवि-फिल्मकार। ईरान में प्रचलित

फारसी कविता के तेवर भी बदल डाले। अपने जीवन के उदाहरण से सामाजिक मूल्यों की सजग समीक्षा।

ग्रेस निकोलस : गुयाना की कवि। कैरेबियन इतिहास और संस्कृति की सजग समीक्षक।

रूसी कविता

अन्ना अख्मातोवा : (1889-1966) वास्तविक उपनाम गोरेन्को। पहला कविता संग्रह 1912 में प्रकाशित। क्रांति से असहमत होते हुए भी देश में ही रहने का निर्णय। 1918 में कवि शिलेम्को से दूसरा विवाह। दूसरे विश्वयुद्ध के दिनों में ताशकंद में प्रवास। सरकारी कोप की शिकार। लेखक संघ से निष्कासित। 1556 में साहित्यिक जीवन में सक्रिय वापसी, विभिन्न विदेशी संस्थाओं द्वारा सम्मानित।

मारीना त्स्वेतायेवा : (1892-1941) पहला कविता संग्रह *बेचेरनी आल्बोम* (साँझ का एल्बम) 1910 में। 1922 में देश त्याग। *पोस्ले रस्सीई* (रूस के बाद) संकलन 1928 में प्राग में प्रकाशित। अधिकांश रचनाएँ मृत्यु के बहुत बाद 1980 के वर्षों में प्रकाशित। समकालीन कविता पर महत्त्वपूर्ण लेख। काव्यनाटक और लम्बी कविताओं के लिए भी विख्यात। 1941 में आत्महत्या।

बेल्ला अख्मादूलिना : वास्तविक नाम इज़ाबेल्ला। 1937 में मास्को में इतालवी एवं तातार मूल के परिवार में जन्म। गोर्की साहित्य संस्थान की स्नातक। अपनी आरम्भिक कृतियों में तत्कालीन सोवियत जीवन के प्रति एक नये दृष्टिकोण को व्यक्त करने के लिए चर्चाओं के केन्द्र में। पहला कविता संग्रह *स्त्रुना* (कार्ड) 1962 में। पहला विवाह कवि येन्तूशेंको से, बाद में दूसरा

विवाह प्रख्यात कथाकार यूरी नगीबिन से। विवादस्पद संकलन *सींतक्सिस* में हिस्सेदारी। 1968 में कविता-संग्रह *उरोकी मुज़िकी* (संगीत के पाठ) प्रकाशित। कविता में समकालीन काव्य भाषा के साथ-साथ प्राचीन रूसी शब्दों का नये संदर्भों में मौलिक प्रयोग। रचनात्मक रूप से अब भी सक्रिय।

यून्ना मोरित्स : 1937 में कीयेब में जन्म। प्रारम्भिक कविताएँ 1957 में छपी और पहला कविता-संग्रह *रज़गोबोर ओ श्यास्तिये* (सुख के विषय में बातचीत) 1957 में प्रकाशित। संवेदनाओं की सरलता और काव्य-भाषा में नये प्रयोगों के कारण विशेष चर्चित। बच्चों के लिए भी कविताएँ नियमित रूप से।

सगोत्र संकाय

किश्वर नाहिद : पाकिस्तान के समकालीन परिदृश्य की कवि-ऐक्टीविस्ट।

फरमिदा रियाज : पाकिस्तान की विशिष्ट कवि-ऐक्टीविस्ट।

जावेद शाहीन : पाकिस्तान की चर्चित कवि-निबन्धकार।

•••